笑って！小屋作り

50万円でできる!? セルフビルド顛末記

文・中山茂大　写真・阪口 克

主に右手を使うので、左手ばっかり残ってしまった革手袋

「人力社DIY格言集」

一、失敗を恐れるべからず。

一、何事も「段取り八分」と心得るべし。

一、「最善」よりも「次善」を選ぶべし。

一、「効率」よりも「確実」を選ぶべし。

一、「見つからない」のは「ない」のと同じ。

一、臭いものにはフタをするべし。

一、過ぎたるは及ばざるがごとし。

一、想像力が怪我を予防する。

一、DIYとは、大いなる楽観主義の賜物である。

《 主な登場人物 》

中山茂大（なかやま・しげお）

1969年北海道生まれ。大学時代は探検部に所属し世界各地を放浪。編集者を経て2000年にライターとして独立。主な著書に『ロバと歩いた南米アンデス紀行』（双葉社）『ハビビな人々』（文藝春秋）など。渡航国数60カ国。宅地建物取引主任者、古民家鑑定士。DIY歴10年。東京都奥多摩町在住

阪口 克（さかぐち・かつみ）

1972年奈良県生まれ。2年間の広告写真スタジオ勤務ののち、オーストラリア大陸を自転車で一周。自宅を埼玉県長瀞町でセルフビルド。近著に『家をセルフでビルドしたい』（文藝春秋）など。写真家として参加した偕成社『世界のともだち』プロジェクトで第64回産経児童出版文化賞を共同受賞。（社）日本広告写真家協会会員

水野昌美（みずの・まさみ）

雑誌『田舎暮らしの本』に「人力山荘」が連載していたときの担当編集。アネックスの施工のため、都内からほぼ毎回通った。最初は剣先スコップで土を掘ることもできず、インパクトドライバでビスも打てず、阪口に「使えねー」といわれながらも少しずつ成長（？）。失敗はネタになるので大好物。既婚。年齢はヒミツ

イントロダクション

人力山荘に「アネックス」を建てるぞ！

阪口「前回の単行本『笑って！ 古民家再生』発売以来、人力山荘もずいぶん変わったねえ」

中山「ウッドデッキがずいぶん広くなったでしょ？」

そう。マイナーチェンジを繰り返して、徐々に拡張を続けてきた人力山荘。

かつて掘っ立て小屋が建っていた場所も、スキー場のようだった斜面も、平地に切り開かれてウッドデッキに生まれ変わった。

水野「で、住み心地はどうなの？」

中山「寒い」

阪口「……はい？」

中山「寒くて死にそう」

水野「古民家といえば『寒い』『暗い』『勝手が悪い』の三重苦ですからね」

中山「『暗い』と『勝手が悪い』は我慢できるとしても、『寒い』のはかなわんな。どんなにストーブ焚いても、暖気は高い天井の向こうに消え去ってしまって意味がない。灯油代がバカにならないわりにはちっとも暖まらない。そしてその寒さからの逃げ場がないのが致命的」

阪口「確かに、真冬の人力山荘で天井眺めたら星が見えた時は衝撃的だったな」

中山「というわけで別棟を建てることにしました」

水野「あの急斜面に、まだなんか建てるの？」

中山「今回のテーマは、高気密、高断熱、冷暖房、テレビ、高速インターネット完備のハイテク住宅。名付けて『人力山荘アネックス』！」

一同「……アネックスだって。聞いた？（失笑）」

中山「……なんだよ」

水野「『はなれ』とか『別棟』とかいうんじゃないのフツー？」

中山「別棟を英語にすると『アネックス』なの！」

阪口「なるほど。で、予算は？」

中山「50万円！（ズバリ！）」

一同「おおー！……って少なくね？」

こうして中山のワガママを実現するために、人力山荘の第二期工事が始まったのでありました。

今回のスケジュール（理想）

石積み、切り土、盛り土

▼

独立基礎コンクリート打ち

▼

材木刻み、棟上げ

▼

屋根工事

▼

外壁工事、窓サッシ取り付け

▼

内壁、床工事

▼

ロフト制作、配電工事

▼

ファンシーな玄関ドアの制作

▼

エクステリア作り

▼

晴れてお引っ越し！

※トイレ、キッチン等の水回りはナシ

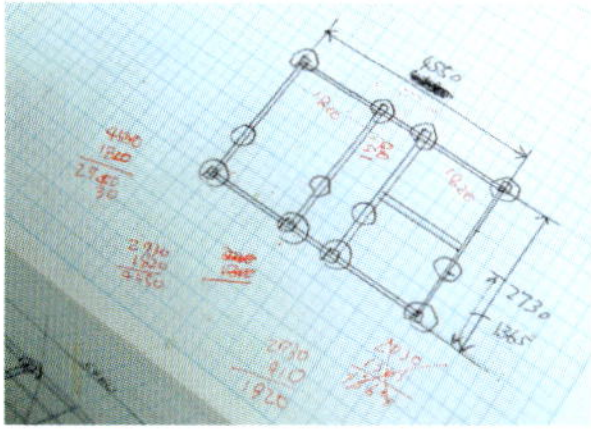

基礎伏せ図。独立基礎と土台の配置を描いたもの

笑って！小屋作り
50万円でできる!? セルフビルド顛末記

目次

1章 小屋編

2章 エクステリア編

3章 母屋編

＊本書は技術書ではなく、小屋作り・ドキュメントです。掲載している工法等は、必ずしも適切であるとは限りません。

デザイン●佐藤琴美（エルグ）
イラストレーション●水野あきら
編集●佐藤徹也、岡山泰史（山と溪谷社）

小屋編

丸一年がかりで完成した「アネックス」

1 章

process
1

小屋作り「へ号作戦」発動だ！

小屋を作るには、まず平地を作らねばならないのが山暮らしのつらいところ。いきなりの重労働で、全員ズタボロに……

かつての人力山荘の裏山は急傾斜で、いろんなものが捨ててあった。平地がいかにありがたいものであるかを実感する作業だった。写真は下の図の右上から撮影したもの

ついに始まった人力山荘「アネックス」計画。まずは平地を作るための「へ号作戦」発動だ！

阪口「その『へ』っていうのは、なんなの？」

中山「『平地』の『へ』に決まってるじゃないですか！」

人力山荘は奥多摩の山奥の、斜面にへばりつくような集落にある。写真の通り、人力山荘の裏手はスキー場に匹敵するほどの急斜面である。そのため、まずは「切り土＆盛り土」して、平地を確保するところから始めないとならないのだ。

200万円という人力山荘の破格の安さの理由のひとつが、この急傾斜地なのである。

というわけで「へ号作戦」が発動されたのであった。

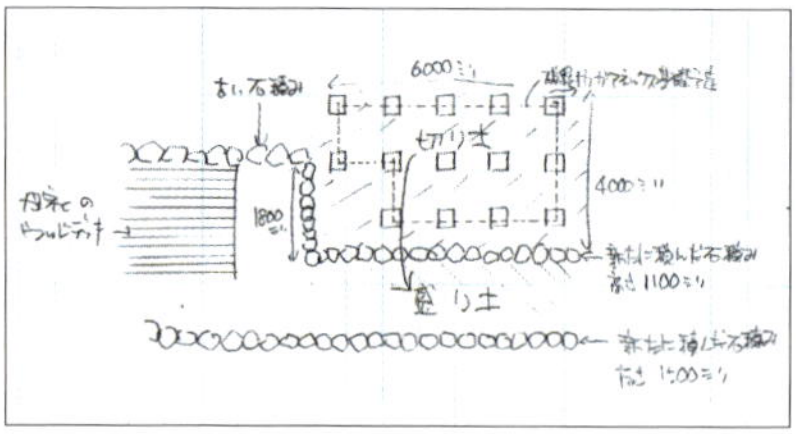

石垣は２段になっていて、２段目は「L」字に積んだ。右端にはその後ブロックで階段を作った

まずは石垣用の石をひたすら運び込む

ネコ車でいけるのは縁側の前まで。そこからは人力で運び上げることになる。この労力をお金に換算すると……？

この坂を重い資材を押して何度運び上げたことか……人力社の汗が染みついた「涙坂」とでもいうべきか（←大げさだろ）

村はずれの砂防ダムには、いい塩梅の石がたくさん転がっている。これを車に積み込んで駐車場へ。さらに駐車場でネコ車に積み替える

石を集めてひたすら山荘へ運ぶ

平地を作るには、まず土留めの石垣を積む必要がある。さっそく阪口と二人で、集落の奥の砂防ダムに車を回してみる。

おお。あるわあるわ。一抱えほどの手頃な石がゴロゴロ。愛車「トッポb・jワイド」にゴッソリ積み込んで駐車場に戻り、ネコ（一輪車）で人力山荘の前庭に運び上げる。さらにそこから山荘裏手まで担いで運ぶ。全部で数百個の石を、車で15往復して運びこむ。

中山「これはホントにしんどかったな」

水野「『へ号作戦』の『へ』は『へとへと』の『へ』だったのね……」

人力山荘は「道路付きの悪さ」も特筆すべきものがある。なにしろ駐車場から50㍍ほども歩いて坂道を登る必要があるのだ。

この「道路付きの悪さ」には改修工事当初から泣かされ続けてきたわけだが、またしても思い知らされた我々であった……。

運び込んだ石で石垣を積み上げる

反対から見たところ。奥に既設のウッドデッキと風呂小屋が見える

運び込んだ大量の石を前にしばし途方に暮れる。いったいいつ終わることやら……

1段目の石垣を積む。手前は以前に積んだ石垣で、これを延伸することで残土を処分しようという企みである

切り土&盛り土をすべて人力で

石積みと同時進行で切り土&盛り土作業も進めていく。斜面を切り崩して、積み上げた石垣の内側を残土で埋めていくのだ。ここでも重機など入るわけがないので、すべて人力である。地獄の土木作業を続けること数日……。26平米（約16畳）程度の平地が、かろうじて完成した。

中山「これだけの重労働で、できた平地がネコの額とは……トホホ」

阪口「盛り土したところは、転圧しなくて大丈夫なの？」

中山「今回は切り土部分に基礎打ちするから大丈夫と踏んだんだけど」

普通は盛り土してから、最低3年は放置するそうである。

阪口「雨が染み込んだりして自然沈下するんだよね」

中山「うちでも、なるべく立ち小便してるんだけどねえ。なかなかどうして……」

水野「やめなさい！」

このネコの額を、できる限り有効に使うには、山側の法面ギリギリに上物を建てるしかない。そこで単管パイプと波板トタンで「仮土留め」することにした。

小屋作りの基礎知識　**法面（のりめん）**▶切り土した時にできる人工的な斜面のこと

今回の「やっちまった！」

盛り土をしつつも転圧せず！

通常は盛り土をしてから3年は放置するらしい……

重労働の果てに、ネコの額のような平地が完成

中山が歩いている小径は、図面上は実は公道である

盛り土と同時に切り土する。重機が入らないので、すべて人力。人力社の面目躍如？

切り土が完成。これでだいたい6.5メートル×4メートルの平地が確保できた

じゃんじゃん盛り土していくが、切り土の方が圧倒的に多くて、その処分に後々苦慮する

水野「そんなんで大丈夫なの？」

中山「……まあ、先のことは考えても仕方ないしさ」

一同「考えろよ！」

中山「一応、（仮）ってことで」

この（仮）が既成事実化してしまうのは毎度のことである。ちなみに切り土した残土は1段目の石垣に放り込んでいったんだが、それでも足りず、母屋側に新たに捨て場を作り、そこはなし崩しに畑として活用している（103頁参照）。

法面の崩落を防ぐために単管パイプ2.5メートルを9本打ち込み、トタン板を渡して土留め

今回かかったお金

波板トタン×6	4550円
単管パイプ、クランプなど	1万8800円
小計	**2万3350円**
予算	50万円
残金	**47万6650円**

小屋作りの基礎知識　石積み▶腰高以上になると危険。傾斜を緩める、モルタルで補強するなどの安全策が必要だ

50万円で
小屋が建つ!?

process 2

基礎工事は「土木ガール」が大活躍！

平地を確保したら、次の仕事は基礎工事だ。
相変わらずアバウトな中山の段取りにあきれ果てる助っ人たち

「基礎」とは、その名の通り、建物で最も重要な部分だ。

かつて人力山荘では、基礎がおざなりだったために、あとで何度も泣きを見た。そこで今回は、慎重にも慎重を期して作業を進めたいところである。

阪口「セルフビルドでも、基礎工事は業者さんに任せる人が多いんだよね。実はウチもそうなんだけど（↑秩父にセルフビルドで家を建てた男）」

独立基礎を、1間、半間、1間の間隔で4コ、3列で合計12コ設置する。
玄関部分は既製品の沓石にした

独立基礎の型枠は構造用合板と野縁材で合計4コ作成して使い回すことに

今回の助っ人は阪口の娘、春音（はるね）ちゃん（右）と元編集部の古玉さん（左写真の右）

深さ30センチの穴を掘るだけでもけっこう大変な作業である。中山の奥に山のように積んであるのが、大量の砂、砂利。重労働はまだまだ続く……

適当な場所に独立基礎をひとつ定めたところで、角材を置いてみる。「とにかく水平が出てればいいだろ」という発想である

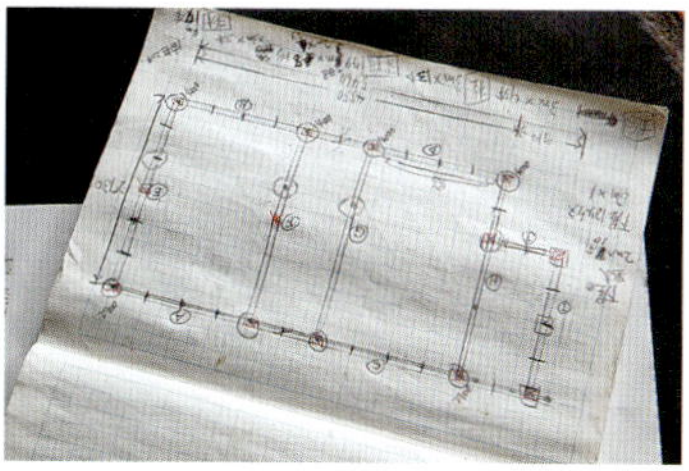

捨て置かれていたノートに描いた平面図。一応、独立基礎、材木の継ぎ、アンカーボルトの位置等が示されているんだが……

基礎コンクリート打ちは大変な精度が求められる。しかも人力山荘の場合、ミキサー車も入れない。よって手練りでコンクリを打つしかない……。

基礎にはいくつか種類があるが、もっとも簡単なのが、要所要所に沓石《くついし》を置いていく「独立基礎」だ。コンクリの量も少なくて済むが、「不同沈下」の恐れがあるので、一般住宅では使用しない……大丈夫なのか？

中山「大丈夫だ。平屋だし」

2階屋ほど重量がかからないという判断である。コンクリ基礎は全部で12個。当初は8個でいいやと思ってたんだが、皆に諫められて、もう4個増設することにした。

まずは基礎を埋設する穴掘りから

今回、こき使われるとも知らずに手伝いに来てくれたのは古玉ちゃん。もれなく参加の水野と二人で、まずは基礎を埋設する穴掘りをやってもらう。

水野「どこに掘ればいいの？」

中山「この図面の通り！」

阪口・水野「出たー！　中山お得意の『本人にしかわからない図面』！」

小屋作りの基礎知識

不同沈下▶基礎の一部が陥没すること。建物が歪み、建て付けが悪くなる、隙間が生じるなどの悪影響が出る。ベタ基礎の場合、建物の重量が均等にかかるので、沈下が軽減される

中山式「水平出し」の首尾はいかに？

コンクリを打つ前に型枠の水平を出す。前後左右を忘れずに

型枠の位置と高さが決まったら角材を置いてみる。見事に水平が出たら拍手が沸き起こる。ささやかな幸せ

いまだに苦手なのが「直角出し」。大きめの直角三角形を使ってじっくりと「にらむ」

古玉「しかも湿ってる」

中山「しばらく見かけないと思ってたら、この間、雨ざらしで捨ててあってさ」

水野「ゴミだと思われたのね（泣）」

ここでちょっと建物の詳細を解説しよう。全長は4550ミリ。全幅2730ミリ。これを支えるのに、1820ミリと910ミリごとに独立基礎を打つわけである。

水野「穴の深さは？」

中山「30センチくらいかな」

水野「『くらい』ってなに!?」

中山「タテヨコ40センチ、高さ60センチの型枠が三分の二程度入る穴なので、砂利敷いて転圧して、だいたい30センチあれば十分かなと」

古玉「なんてアバウトな……」

なにより重要な水平出し

それよりも重要な問題は「水平出し」である。

通常は要所に杭を打って「水盛り管」で高さを出していくんだが、これがけっこう面倒くさいのだ。そこで中山は新機軸を準備していた。

小屋作りの基礎知識

水盛り管▶バケツに水を張って透明なホースの片方を沈め、もう片方から水を吸うと、流れて来た水はバケツと同じ水位で安定する。水位が必ず同じ高さになることを応用したもので、昔ながらの水平の出し方として知られる

じゃんじゃん穴掘り。しかしコンクリ資材が圧倒的に不足していることが判明して、石垣用の石を放り込んでかさ上げすることに

穴を掘ったら砂利を投入して、踏みつけて転圧する。果たして効果はあるのかどうか

中山「じゃじゃーん！」

阪口「……って、ただの角材じゃん。これでどうすんの？」

中山「要するに土台の水平が出ればいいんだろ？　この角材が常に水平になるように、すべての型枠を設置すればいいわけだよ」

　つまりこういうことである。どれでもいいから任意の独立基礎に基準を定めて角材を載せる。その角材が常に水平が出るように、他の型枠の高さを調節すればいいわけだ。

中山「これだと杭打ち要らず、水盛り管要らず。手っ取り早くて確実。実に斬新な方法ではないですか。実用新案登録しちゃおうかな」

古玉「ムリムリ！」

水野「建物の直角は、どうやって出すの？」

中山「それはですね、このでかい三角形（『大矩《おおがね》』という）をこう当てて、このように……」（↑水糸を覗きこむ中山）

水野「結局、目視なのね（失笑）」

来るか『土木ガール』ブーム!?

　さっそくコンクリを練ることにしよう。

　左官グワで、えっちらおっちらセメントをこねる土木

土木ガール、コンクリ練りの洗礼を受ける

じゃんじゃん流し込んだら、ゴムハンマーで型枠を軽く叩く。振動を与えることで隅々に行き渡らせる

コンクリ練り。本来はまったく楽しい作業じゃないんだが、土木ガールのおかげで、この笑顔

型枠をコンクリで満たしたらアンカーボルトを差し込む。土台の角材が105ミリなら、100ミリくらい突き出すように

合計12カ所の独立基礎が完成。黒いのは余ってたアスファルトルーフィング。緩衝材としてなんとなく載せてみた

ガール2名である。

阪口「腰が入ってない！」

中山「もっとクワを前後に大きく動かす！」

「人生初土木」の古玉の顔面にセメントが飛んで悲鳴が上がる。

古玉「コンクリなめてました(泣)」

中山「『山ガール』の次は『土木ガール』で決まりだな」

阪口「いいねえ。『かわいいドカジャンで女子力アップ！』とか」

中山「『春の新作！ 花柄地下足袋とピンクの軍手でコーデ！』とか」

水野・古玉「どうでもいいけど手伝ってよ！」

ボイド管と型枠、どっちがオトク？

独立基礎を打つときに議論になったのが、市販のボイド管と構造用合板で作る型枠と、どっちが安上がりか？

水野「ボイド缶のほうが丸いぶん、コンクリ少なくて済んだんじゃない?」

中山「えーそんな、まさか。はっはっは……」(汗)

そこで体積を計算してみた。まず構造用合板型枠の場合……。

30×30×40＝36000㎤

つまり型枠ひとつにつき3.6ℓのコンクリが必要になるわけだ。

次にボイド缶の場合……。

円柱の容積は「半径×半径×3.14×高さ」で求められるので、

15×15×3.14×40＝28260㎤

つまり型枠の8割弱で済むわけである。これをもとに経費を計算してみる。

【型枠の場合】

構造用合板	3000円
セメント、砂、砂利	1万4420円
合計	**1万7420円**

【ボイド缶の場合(仮定)】

ボイド缶4m、2m×各1	6000円
セメント、砂、砂利	1万1250円
合計	**1万7250円**

一同「変わんないねー!!」

今回の「やっちまった！」

あろうことか家主が二日酔いで離脱！

その間、途中で砂利が足りなくなり、そこらの岩で代用。しかしこれによってアンカーボルトが打てず、再び掘り起こす(涙)

家主が二日酔いで起きてこなかった！

今回かかったお金

セメント7袋、砂14袋、砂利36袋	1万4420円
型枠用コンパネ×3	3000円
水平出し用スギ 105　3m	1680円
小計	**1万9100円**
前回までにかかったお金	2万3350円
残金	**45万7550円**

小屋作りの基礎知識 ボイド管▶厚紙でできた筒で、使い捨てのコンクリ型枠として使用される。ホームセンターで手に入る

process
3

土台の刻み。材木加工の始まりだ

今回は材木の刻み。土台のホゾ(接合用突起)を加工する作業だ。ここでも中山の「いい加減」が炸裂する!

「刻み」作業で圧倒的な存在感を示す角ノミ

ここで人力山荘アネックス(今、作っている小屋のことね)の構造を確認してみよう。床面積は8畳半＋3畳ロフトで、総床面積は11畳半となる。

ロフトを作る場合は、梁《はり》の太さが重要だ。一般に梁は「1間4寸」(柱と柱の間隔を1820ミリにする場合、梁の太さは120ミリ必要)といわれる。アネックスは幅が1間半(2730ミリ)なので、梁の太さは6寸(180ミリ)。ロフトにするなら、さらに太くする必要がある。

地元の材木店から土台用のヒノキ材が届き、いよいよ「刻み」の作業だ。

ここで久しぶりに登場するのが「電動角ノミ」である。

中山「刻みのときにしか活躍しないけど、ないと非常に困る。稲作における田植機みたいなもんです」

四角い穴を開けるためだけに開発された電動角ノミは、水野と斎藤の二人に操作してもらうことにした。

斎藤「どこに穴を開ければいいんですか?」

この程度の小屋でも、けっこうな量の材木を刻まないといけないのだ

これがパイプ付土台座掘錐。6000円もする高級品

このようにアンカーボルトに差し込んだ状態でも座掘ってくれるスグレモノ

中山「それは、この図面にある通りで……」
一同「わかんねーよ！」
　要するに「尺貫法」に則って、910ミリと1820ミリのところにホゾ穴を開けていけばいいのである。

新兵器「座掘ドリル」登場！

　刻みの終わった材木から基礎の上に並べていき、アンカーボルトの位置を写し取り、ドリルで穿孔する。ここで以前はなかった新機軸が登場だ。
中山「じゃじゃーん！『座掘ドリル』だ！」
「座掘り」とは、ボルトを締め付ける丸座金を材木に埋め込むための穴を開けることだ。
中山「これを開けることでボルトの出っ張りがスッキリ解消されて、その後の壁の施工も楽ちんになるわけだ。すばらしい！」
　というわけでアンカーボルトの座掘り&穴開けを進めるわけだが、ここで重要なのは、当然ながら土台の水平出しである。水準器をあてがいながら、慎重に水平を出す。
斎藤「傾いてる場合は、どうするんですか？」
中山「そういう場合は低いほうにこれを差し込んでですね」

小屋作りの基礎知識
尺貫法▶建築現場で多用される単位。1寸＝30.3ミリ。1尺＝303ミリ。3尺＝半間＝910ミリ。6尺＝1間＝1820ミリ

土台そのものにも問題多発！

土台を組んだら、再び直角を見る。少しでも歪んでいたら、あとでいろいろ面倒なので、ここは慎重に。微妙な歪みはカケヤで叩いて調整

土台を組んでみたら、大幅にずれたところを通ることが判明。このアンカーボルトはなかったことに……

もう一カ所、土台が大幅にずれた基礎があり、こちらは掘り直して移動

中山が取り出したのはベニヤの端材である。要するに土台と基礎の間に噛ませるわけだ。

中山「ホラ水平！」

水野「こんなので大丈夫なの？」

中山「大丈夫！ プロでもやってるの見たことあるもん」

阪口「それはプロが失敗したときでしょ？」

さらに新兵器「パイプ付土台座掘錐」登場！

これで微妙な水平出しができるんだが、しかしこれにも問題があり、ベニヤを噛ませるぶん土台が高くなり、ボルトが座金に届かなくなるのだ。そうなると一度土台を外して、さらに深い座掘りをしないといけないんだが……。

阪口「そこでオレの新兵器。じゃじゃーん！ 『パイプ付土台座掘錐』。この中央の筒にボルトを突っ込んで、周辺の座掘りをするわけですよ。ほっほっほ」

中山「おお、これはつまり『座掘りに失敗した人が座掘るための座掘りドリル』なわけですな」

阪口「これが商品になるってことは、プロでも座掘りで失敗する人が多いってことだね」

水野「必要は発明の母ですね」

小屋作りの基礎知識 **噛ませる**▶プラスチック製の「スペーサー」というものが売っている

アリ継ぎは角ノミを使わなくてもできるので比較的ラクなのだ

ホゾ穴は貫通させるのではなく、深さ70ミリ程度にした

これが「追い掛け大栓継ぎ」。複雑である

これが「せい（梁などの横に渡す材木の高さ）」9寸（27センチ）のベイマツ。今回のラスボスである

こうしてアンカーボルトは解決したんだが、そもそも土台が載っからない基礎も出てきた。これはもう掘り返して移動するしかないので、みんなでスコップで周辺の土を掘り起こす。

中山「まったく誰だよ。こんなところに基礎作りやがって」

一同「お前が二日酔いで寝てたからだろ！」

こうして土台を四方に組んだら、今度はそれぞれの直角を見る。土台全体の歪みと高さを微妙に調整しながらアンカーボルトで固定する。しつこいようだが「基礎」「土台」は極めて重要である。ここで妥協すると後で絶対、後悔するので、しつこいくらいに水平と歪みの調整を繰り返す。しかし微妙な歪みは直らない。おかしいなあ……もしかして「大矩」が正しくないのか？

大矩というのは「3：4：5」の比率で作った直角三角形である。一応これで直角を見ることになっているんだが……おお。なんということか。微妙に角度がズレていたのである。定規が不正確なら、その延長線が大きくズレるのは当然ではないか。

小屋作りの基礎知識
直角の出し方▶だいたいの直角を出したら、最後に2つの対角線の距離を測ってみる。同じ長さならピッタリ長方形のはずだ

アンカーボルトの穴は少し大きめの方がいい。このように全体に動かして微調整することもできるからである。土台が定まったら防腐塗料をたっぷり染みこませる

なんとか完成した土台。あとで調べてみたら、誤差は30㍉。まずまずの仕上がりだ

構造材の刻み作業も同時進行

土台の刻みと同時に、柱、梁などの構造材の刻みも進める。梁と桁《けた》は、すべて「アリ継ぎ」とした。

阪口「『腰掛け鎌継ぎ』じゃないんだね」

中山「いいよ。どうせ金物で補強するから」

最大の難関は、厚さ9寸（27㌢）の梁の刻みである。この太い梁、一番安いベイマツだが、それでも1本7000円もする。なので、丸ノコを入れる前に何度も何度も、しつこく確認して、マチガイがないかチェック。いざ刻もうとして、やっぱり思い直して、もう一度チェック。特に煩わしいのが「腰掛け」だ。腰掛けというのは段差のこと。ホゾを組んだ上に、さらに腰掛けに載っけることで、安定性が増すわけだが、その分、計算が面倒になる。今回だとこんな感じだ。

芯芯の長さ（2730㍉）－柱の太さ（52・5㍉）×2＋腰掛け部分15×2……。

中山「たぶんこれで合ってるはずなんだがなあ、どう思う?」

小屋作りの基礎知識

アリ継ぎ▶木材同士をつなげる「継ぎ手」のひとつ。片方に逆台形のオスを刻み、もう片方にそれがはまるメスを刻む

「追い掛け大栓継ぎ」の悲劇

「追い掛け大栓継ぎ」は継ぎ手の中でも複雑な部類である。今まで2回作ったことがあるので、余裕だろうと思ったら大間違いであった。❶墨を引いて、丸ノコで必要な部分に切れ目を入れ……。❷中山「あ！」。切ってはいけない部分を切ってしまった……気を取り直して、反対側でリベンジ。❸今度はうまくいった。❹さっそく組み合わせようと思ったら、なんと同じ方向のを2つ作ってしまっていた（本来は線対称にならないといけない）……これで1本3000円のヒノキがパーである。トホホ……。

今回かかったお金

土台	ヒノキ　105　4m×2	8800円
	ヒノキ　105　3m×6	1万7700円
大引	ヒノキ　90　3m×2	3300円
根太	ヒノキ　45×105　2m×10	6500円
	ヒノキ　45×40　4m×18	1万3680円
柱・桁・梁	スギ　105　4m×10	2万9200円
	スギ　105　3m×14	3万2200円
梁	ベイマツ　120×240×1	6700円
	ベイマツ　120×270×1	7540円
垂木	スギ　60×45　4m×16	1万3440円
間柱	27×105　3m×20	1万1600円
	27×105　4m×12	1万0320円
小計		**16万0980円**
前回までにかかったお金		4万2450円
残金		**29万6570円**

阪口「大丈夫、大丈夫（↑まるで人ごと）」

中山「うおー、やっぱり心配だ！ 胃潰瘍になりそう……」

今回の「やっちまった！」

『追い掛け大栓継ぎ』で二度同じミスを！

風呂の焚きつけができたと思ってあきらめる……

小屋作りの基礎知識
腰掛け鎌継ぎ▶木材同士をつなげる「継ぎ手」のひとつ。片方をヘビの鎌首状に刻むことからこの名がついたとされる。アリ継ぎより引張力に強い

process 4

屋根工事1 早くも棟上げ、屋根工事！

今回は怒濤の棟上げ！　土台に柱を建てて梁と桁を載せ、一気呵成に組み上げる。まさにセルフビルドの晴れ舞台！

今回の助っ人は飲み友達のソウイチロウ。理系出身なので三角関数なんてチョロいもんである

建前開始。まずは土台に柱を差し込んでいく。男3人いれば作業もスムーズ……か？

中山「なんと、4回目にして棟上げです」
阪口「まるで早回ししてるみたいだな」
水野「手抜きしてるわけじゃないよね？」
中山「失礼な！　腕を上げたといってもらいたいですな」

というわけで「棟上げ」である。「建前」ともいうが、家の構造材を組み上げることをいう。

まずは簡単な玄関側から。土台にホゾを差し込んで柱を立て、桁を載せ、上からカケヤで引っぱたく。このあたりまでは順調で、ホイホイ作業が進んだ。

そしてひとつめの難関「8寸梁」だ。「せい」が240ミリと、普通の角材の2本分ある。2人がかりで、ようやく持ち上がるのを、なんとか脚立の上まで運び上げる。ひと息ついてから、一気呵成に担ぎ上げ、中山が支えてる間に、ソウイチロウがカケヤでホゾを叩き込むのだ。

中山「行くぞ！　せーの！」
阪口「今行くぞ！」

小屋作りの基礎知識　**差し鴨居**▶構造も兼ねた鴨居で、とくに古民家でよく見られる

棟上げ、まずは順調に進行中

土台を組んだあとに大引きを入れた。写真下部に横並びに写っているのがそれ。作業工程としては後回しでもかまわない

梁と桁は相欠きとし、柱のホゾは梁桁を貫通する「通し」にして強度を出した

カケヤでホゾを叩き込む。昔とは比較にならないほど精度が上がったので、やり直しの頻度も少なくてすむ

カメラを放り投げて阪口が応援に来る。

ホゾが差し込まれた瞬間には安堵のため息が出た。

阪口「これでホゾが入らないなんていったら、俺は荷物まとめて秩父へ帰るとこだったよ」

しかしさらに、もうひとつの難関である「9寸梁」が待ち構えている。さっきより担ぎ上げる高さは低いが、ロフトが載るので「せい」が270ミリと、さらに1寸（3センチ）太い。しかも柱の側面にホゾを差し込む、いわゆる「差し鴨居」なので、作業的にはこっちのほうが難関だ。

屋根勾配の計算

屋根の長さは、いわゆる「ピタゴラスの定理」で出てくる。

a×a＋b×b＝c×c

というやつだ。建物の幅（a）が2730、片流れの高い方の桁から上の高さ（b）が1075なので、それぞれを2乗して足すと8608525。これをルートで割ると、c＝2934と出る。これに軒の張り出しの長さを加えれば屋根の長さとなる。

またこの数字を三角関数

$\tan\theta = b/a$

$\theta = \tan^{-1}\frac{b}{a}$

に当てはめると、

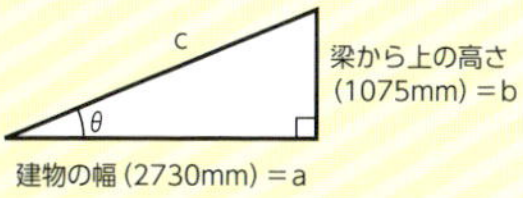

$\tan\theta = 0.3937...$

と出る。つまり屋根勾配は21.5度となるわけだ。わかったかな？

8寸梁、9寸梁と、敵は徐々に強力に！

「中ボス」である8寸梁を持ち上げる. 非常に重いので、脚立に載せてしばし休憩

ラスボスは9寸モノ。高さはないが、差し鴨居なので柱でサンドイッチにする必要がある。重くて大変だった

なんとか持ち上げて柱の上に載せた。ホゾがピッタリはまってくれて一安心である

中山と阪口が梁を支えている間に、助っ人ソウイチロウが柱の側部を叩いて梁のホゾを柱に入れ込み、直ちに反対側に走って、もう片方を叩き込む。

阪口「うお……。やばい！　マジでやばい！」

中山「これは長く持たないぞ……ソ、ソウイチロウ……早く！」

奥多摩の杉林に悲鳴が響き渡る。

こうして、なんとか梁の組み上げに成功したのであったが、それにしても男3人だけの棟上げは辛かった……。

柱と梁が組み上がったら、全体の歪みを矯正する。ひとつひとつの柱に水準器を当てて水平をみると、全体的に右に傾いているので、梁にロープを引っ掛けて引っ張る。垂直が出たところで、すかさず仮筋交いで留める。

阪口「やるなあ。たった1日で、ここまで完成させるなんて、人力社も腕を上げたもんだ」

中山「今回はソウイチロウのおかげだな。どうだね、人力社に弟子入りしないかね？」

ソウイチロウ「いやあ、はっはっは……」(↑やんわり拒絶)

屋根勾配がわからない？

小屋作りの基礎知識

仮筋交い▶構造材を金物で固定する前に仮留めすること。間柱を流用してもいい

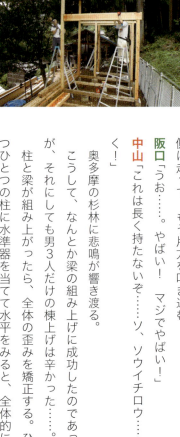

構造材が組み上がった。あとは小屋組みである

棟上げが終わったからといって、浮かれて騒いでいる時間はない。なにしろ雨ざらしである。材木にとって水濡れは大敵なのだ。というわけで次回の作業からさっそく屋根工事に入ることにしたんだが、ここで基本的な質問が……。

阪口「屋根勾配はどれくらいなの？」

中山「それがよくわからんのだよ」

水野「えっ!?　そんなんで家が建つわけ？」

阪口「今さらそこで驚いてどうするんですか」

要するにこういうことである。柱は目一杯使わないと損である。4㍍と3㍍の材木を、ホゾの分を入れてギリギリ

束の長さの計算

本文中にある束の長さは比率で簡単に計算できる。式は以下の通り。

$a^2 + b^2 = c^2$

a＝2730㍉

b＝1075㍉

なので、

c＝2934㍉

となる。束は屋根の中央にあるので

a'＝1365㍉

c'＝1467㍉

なので、bのちょうど半分の

b'＝537.5㍉

となるわけだ。わかったかな？

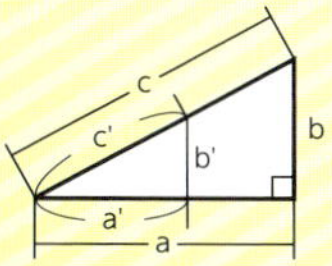

小屋作りの基礎知識　**小屋組み**▶梁から上の屋根を直接支える構造のこと

全体に母屋側に傾いていることが判明したので、畑側に引っ張って矯正。このあと仮筋交いを入れて固定する

まで使うとしたら、低いほうが2㍍70㌢、高いほうは3㍍88㌢になる。

中山「これに棟木と桁を載っけて垂木を渡せば片流れ屋根ができるわけ。だから角度はよくわからないのですよ」

水野「一見、合理的に見えて、どことなくテキトーなニオイがするのは、なぜ？」

恐怖の高所作業に入る

ここからは人力社がもっとも苦手とする高所作業である。前述のように、片流れ屋根の最高部が地上4㍍。登ってみると目もくらむような高さだ。

阪口「毎度毎度のことだけど、怖いよね」

中山「『セルフビルドは高所恐怖症との戦いだ』っていうのは、けだし名言ですな」

ひるむ二人を尻目に、今回もソウイチロウが大活躍である。インパクト片手に桁の上をホイホイ歩き回る。

作業は順調に進んだが、ついに失敗が発覚した。

真ん中の束《つか》が長すぎた……つまり片流れ屋根の中央部を支える束が長すぎたのだ。実はこの失敗、これで3度目である。なんで何度も失敗するのか？　その理由は中山の数

仮筋交いのコツ▶仮筋交いは必ずビス２本ずつで固定すること。１本だけだと動いてしまう

今回の「やっちまった!」

屋根の勾配はなりゆきまかせ!

それでも屋根はできる

最後に刻み、水平を出して、棟上げ！

最終工程の「棟上げ」が終わり、晴れて建前が完了した

水準器で前後左右の水平をチェック。ホゾ組みが正確ならそれほど問題ないはずなんだが……

学の成績が赤点であったことに起因する。ここでもソウイチロウの数学的素養が遺憾なく発揮され……。

ソウイチロウ「というわけで束の長さは537・5ミリです」

念のため梁によじ登って巻き尺で実測してみた。確かに537・5ミリで間違いない。

中山「ソウイチロウ、やっぱり人力社に弟子入りしなさい」

ソウイチロウ「いやあ、はっはっは」（↑やんわり拒絶）

計算通りの長さに切り揃え、母屋を組んで垂木を渡していく。作業はサクサク進み、半日で垂木を打ち終えた。

仮筋交いだけだと不安なので、さっそく金物で補強する

今回かかったお金

前回の木材を使用したため	0円
前回までにかかったお金	20万3430円
残金	29万6570円

小屋作りの基礎知識

金物▶金物にはたくさん種類があるが、構造材には圧着力が強い「引き寄せ金物」がオススメ

50万円で
小屋が建つ!?

process
5

屋根工事2 屋根材を張って雨漏りから開放だ！

たった一日で棟上げを終えたまではよかったが、その後二カ月にわたる工事中断。その間に、悲劇が……。

棟が上がったら速やかに屋根工事に入ろう。建築現場に雨は大敵である

グラスウールは安くて断熱、防音効果も高いが、東日本大震災以降、値上がりしてしまった

次に屋根材の化粧合板を張っていくんだが、ここで今回の「中山のコダワリ」が炸裂した。

中山「じゃじゃーん。アネックスの屋根を『二重屋根』にする！」

今までの屋根の仕上げは、いずれも簡略タイプだったんだが、今回は作業性と見栄えを重視し

小屋編

1章
50万円で小屋が建つ!?
process 5

屋根工事❷ 屋根材を張って雨漏りから開放だ！

まず化粧垂木を打つ。90ミリビスでそれぞれ2カ所ずつ留めていく

化粧合板は厚さ4ミリ。踏み抜かないように慎重に作業した

て「二重屋根」にしようと考えたのだ（図参照）。

中山「普通、天井は吊るか化粧野地板(のじいた)を内側から張り付けるわけだが、面倒くさいので、化粧合板を化粧垂木の上に張り付け、その上にさらに垂木を打って断熱材を詰めこむ。これの方が施工がラクだと踏んだわけ」

阪口「なるほど。確かに合理的かもね」

中山「そんなことで見て見て、この木目の美

● 通常の屋根と今回の屋根の違い

屋根の断面図

簡略タイプ / アネックスの屋根

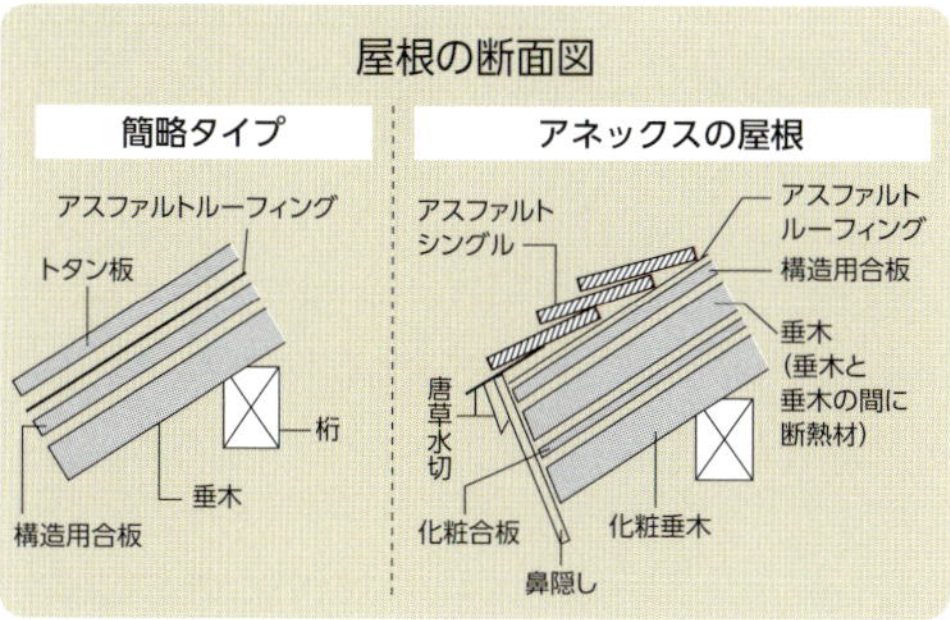

左図が簡略タイプの屋根の施工例。物置の屋根や、天井板を張って仕上げる場合はこれでOK。右図はアネックスの屋根の施工例。屋根裏が丸見えになるため、また天井板を打つのが面倒なので、あらかじめ化粧合板を張ってみた

小屋作りの基礎知識 ｜ **ひねり金物** ▶ 台風が心配な地域なら、さらに「ひねり金物」で垂木を補強すること

二重目の垂木の短いことが、屋根上で発覚！

ホームセンターの格安垂木が短かったため、「付け足し」を。天端を合わせるために、細い合板をはさんだ。下はメモ帳代わりにズボンに書き込んだという写真

工事中断中、化粧合板にカビが……

2カ月の海外取材中、雨ざらしだった建築現場は、悲惨な状況に。高級化粧合板には雨染みが、そして変形……

しいシナランバー、1枚1300円もする高級品！」

さっそく3人で、4ミリ厚の高級合板を垂木の上にビス留めしていった。しかし途中で時間切れ。完成は次回の作業に持ち越しとなってしまった。

2カ月の工事中断がアダに

その後、仕事の関係で2カ月ほど工事がストップ。その間、大雨が降ることがたびたびあったらしい。

帰国して、久しぶりに現場をチェックしてみたら……なんと!! 化粧合板に真っ黒いカビが点々と付着しているではないか！ 慌てて脚立に登って詳細に点検してみる。雨漏り特有のシミがアチコチに広がっていた。しかも合板全体が水を含んでベコベコに波打ってるではないか。

中山「なんてことだ！ あの高級化粧合板が、カビだらけのシミだらけのベコベコになっ

グラスウールはケチって、軒の張り出し部分には入れないことにした

てしまうとは……しかも一番目立つところなのに(号泣)」

阪口「やはり建前から屋根工事までは一気呵成に仕上げるのがセオリーですなあ」

早いとこアスファルトルーフィング(屋根の下地に張る防水紙)を張らなければ。ルーフィングを張ってしまえば、とりあえず雨を防げるので、水濡れの心配から開放されるのである。

まずは二重目の垂木を打つ作業だが、こちらの垂木はホームセンターで仕入れた格安品である。屋根に運び上げて並べてみると、化粧垂木よりも3センチほども短いことが判明した。

仕方ないので端材を付け足して、写真のようなダサい仕上がりに(泣)

水野「ところで軒先の化粧合板がないけど、いいの?」

中山「ああ、そこね。そこも隠れちゃうから、いいの」

12ミリ厚の構造用合板を張って、ようやく安心して歩き回れるようになった

屋根下地が完成。順調である。２本転がってるのは、アスファルトルーフィングのロール

どういうことかというと、屋根の軒裏はすべて新たに化粧合板を張って仕上げる予定なのである。

ソウイチロウ「じゃあ、ケラバ（建物側面の軒先）も化粧合板を張る必要がなかったのでは？」

中山「ぐ……スルドイなオマエ」（↑実は後から気づいた）

とりあえず雨漏りからは開放

垂木を張り終わったら、次は断熱材を敷き詰める。断熱材はグラスウールが一般的で値段も安く、使い勝手もいい。屋根全体に敷き詰めてタッカー（ホチキスのでっかいの）で留めていくが、軒に張り出した部分は断熱しても意味がないので、建物にかかる部分だけにした。

次に構造用合板を張り、最後にアスファルトルーフィングを留めていく。これで雨漏りの心配から、とりあえずは開放されたわけだが、しかし次の作業の予定が立たないので、念のため端材を打ちつけて飛ばされないように固定した。

アスファルトルーフィングは軒から張っていく

今回の「やっちまった!」

高級化粧合板がカビだらけに!

建前から屋根工事までは一気に行うべきでした……

大風で飛ばされる恐れがあるので、端材でビス留めしておいた

ルーフィングが張り終わったが、これで一安心……というわけではない

今回かかったお金

化粧垂木 スギ 60×45　4メートル×16	1万3440円
追加の垂木 45×45　4メートル×16	1万0720円
アスファルト ルーフィング×2	6560円
構造用合板ビス×3	2340円
化粧構造用合板　4ミリ×20	2万7000円
野地構造用合板　12ミリ×53	5万1940円
グラスウール×2	1万1960円
小計	**12万3960円**
前回までにかかったお金	20万3430円
残金	**17万2610円**

process 6

屋根工事❸ 山ガールの助っ人参上！

高さ4㍍の高所作業にビビっていたら、なんと山ガールがクライミングギア装備で参加。あっという間に作業完了！

屋根下地が完成したところで記念写真。手伝いに来てくれた坂本さん（手前）、担当・水野、ソウイチロウ

アネックスの屋根材は「アスファルトシングル」にしてみた。アスファルトシングルは、ガラス繊維とアスファルトを混ぜた板の表面に砕石や砂などを付着させたものだ。セルフビルドでは、もっとも人気がある屋根材のひとつで施工は簡単。耐用年数も比較的長いし、補修も楽ちん。そしてなにより安価なのがいい。

さて、シングル施工の前に、「鼻隠し」と「水切り」を取り付けよう。「鼻隠し」は垂木の先端を隠すために取り付ける横に渡す板のこと。この上に金属製の「水切り」を取り付ける。こうすることで、

小屋作りの基礎知識　破風（はふ）▶主に切り妻屋根の端部に取り付ける板材のこと

鼻隠しを取り付ける

鼻隠しと水切り金物を取り付けた。見た目もスッキリ仕上がったぞ

屋根の隅っこにも立てない中山に代わってホイホイ作業してくれる山ガール。ありがたや……

軒は鼻隠しで仕上げる。写真は垂木が丸見えの状態。ここに破風板を取り付ける

見栄えが全然違って見える。

山側から取り付けていったが、問題は谷側である。高さ4メートルの屋根に鼻隠しを取り付けるのは、はっきりいってひとりでは不可能である。

高所作業の強力な助っ人登場！

そこで助っ人を頼んだのが、冬山登山が趣味の山ガール坂井さんとお友達の中村さんである。ザイル、ハーネスなどの登山用具を持参して作業に臨んでくれた。

鼻隠しと水切りを取り付けるのは、それほど難しくなかったんだが、問題は軒先の裏側に化粧合板を取り付ける作業だ。これがかなり怖い。

普通の現場なら当然、足場を組むんだが、プロに頼めば数十万円かかる。ここは身体を

屋根材のいろいろ

屋根材には以下のようにいろいろあるのだが、ダントツで安いのが波板トタン。しかし、仕上がりが安っぽくなってしまうのが難点である。

【屋根材単価一覧（1坪あたりの概算価格）】

波板トタン	3600円
アスファルトシングル	5500円
トタンルーフ	6300円
瓦	3万円〜

小屋作りの基礎知識　**鼻隠し**▶破風と混同されることが多い。構造上はなくてもOK

水切り角部の加工

山ガールの活躍で、怖い思いをしなくてすんだ……

水切り金物の加工。端部は金切りハサミで切れ目を入れて、折り目をつける

張っての作業である。脚立を最大限に延ばして、仰向けにのけぞった状態でインパクトドライバを使うという決死の作業を覚悟していたんだが、ハーネスにザイル装着の山ガールのおかげで、見上げているうちに作業が終わってしまった。

持つべきものはクライマーの友達である。

日付が変わって、次の作業はいよいよアスファルトシングルの張り付けだ。作業はカンタン。重ね幅3分の2でシングルを張り付けて、専用釘で打ち付けるだけである。

阪口「別売りのシングルセメントを塗るか灯油を塗ることをオススメします」

シングルセメントというのはアスファルトの黒いタレみたいなのだ。これがベタベタしていて、服に付着しようものなら、もう2度と取れないという厄介なシロモノである。

木っ端をヘラ代わりにしてセメントをネットリと塗り付け、シングルを重ねて釘で留めていく。

作業途中でシングルが足りないことが発覚!

作業はサクサク進んで、その日のうちに三分の二まで張り終えたんだが……なんとシングルが足りないことが判明

簡単な作業なので、人数を集めてやると楽しいかも

シングルは、最初の一列だけ細く加工する必要がある

1枚はこの大きさ。3分の2ずつ重ねながら張り付けていく

屋根材のアスファルトシングルは灯油でアスファルトを溶かすか、別売りのアスファルトセメントを塗りながら専用釘で張り付けていく。低温で硬化するので冬場の作業はオススメしない

したのである。しかも全然足りないのだ。

中山「おかしいなあ。坪あたりで計算したらピッタリだったんだが……」

そこでよくよくトリセツを見てみる。

「一束あたり16枚、一坪あたり24枚」

つまり「一束＝一坪」と勘違いしていたわけだ。それなら最初から、一束24枚で売ればいいじゃないか、と思うわけである。

中山「最近こういうの多いよな。バターとかチーズとか、値段は一緒だけど分量が微妙に減ってるんだよね。ブツブツ……」

さっそくホームセンターに買い足しに行ったんだが、なんと同じ色のシングルが売り切れ……どうしよう。入荷を待ってたら今日の作業ができなくなる。助っ人一同に段取りが悪いとか文句をいわれるのも癪である……ええい！　買っ

どんどん張っていく。半日でこれくらい

ちまえ！

しかし実際に施工してみたら意外と悪くない。わざとモザイク状に散らすのもシャレオツである。

中山「今回で、ひとつことわざをひねりました」

垂木の位置がわかるように、ルーフィングに墨線を引いておくと、釘打ちのときに困らない

「張る」つながりで……障子紙の張り替え

一念発起して母屋の障子紙の張り替えをした。手伝ってくれたのは奥多摩の「蕎麦太郎カフェ」オーナーの舩越さん一家と、注文家具工房「エミケン」の佐藤さん一家。おかげさまでお化け屋敷だったのがキレイになりました。

今回の「やっちまった!」

用意したアスファルトシングルが全然足りず!

同じ色が追加できずマダラ模様に……

シングルが張り終わった! 屋根に寝転んで青空を眺める。気分は最高!

こうなるなら最初からこうするんだった……

DIYの仕上がりは、ホームセンターの品揃えで決まる

阪口「その心は?」

中山「資材を買いに行ったけど、お目当ての商品は品切れ。結局、似て非なるものを買って帰ることになる。つまり仕上がりはホームセンターの品揃えで決まっちゃうことが多いわけだよ」

みなさんも心当たり、ありませんか?

今回かかったお金

アスファルトシングル×14	5万1800円
シングルセメント×2	2000円
シングル釘	1980円
鼻隠し 1×6×3640 6本	5850円
軒下用防水化粧合板 3ミリ×8	4400円
唐草水切り×13	5170円
小計	**7万1200円**
前回までにかかったお金	32万7390円
残金	**10万1410円**

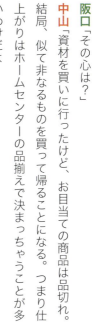

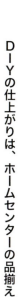

process 7

壁の施工1
壁の施工に突入だ!

今回から外壁の施工に入る。間柱と筋交いの加工、構造用合板の張り付け、そして狭すぎる作業スペースにみんな涙

アネックスの壁には気合いを入れた。なにしろ高気密高断熱住宅を目指すのである!

DIYガールが大活躍。左から編集部・斎藤さん、担当・水野、中山の旅友・小山さん

そしてこちらは小さなDIYガール・春音ちゃん

ようやく屋根が完成して一段落。

今回から壁の施工である。間柱、筋交いを入れて、構造用合板を張り付けていくんだが、想定外の大雪のために作業は困難を極めた。

ところで、壁には「真壁」と「大壁」があり、大ざっぱにいえば真壁が和室、大壁は洋間である。柱が「現し」(表に出ること)になる真壁の方が施工が難しいんだが、かつての人力山荘では、無謀にも真壁に挑戦して、アチコチに隙間ができるという失態をやらかしてしまった。

中山「トイレの電気を消してみると、柱と壁の隙間からスーッと日の光が差し込んでるのが見えるんだよね」

水野「そりゃ寒いわけよね」

中山・阪口「いえ、それ以前の問題です!」(↑キッパリ)

というわけで高気密住宅を目指すアネックスは、無難に大壁で行くことにした。

筋交いと間柱の関係が面倒くさくて……

毎度のことながら間柱と筋交いの取り合いは面倒だ。今回はまとめていっぺんに切り欠いてみる。❶壁面の幅と高さが同じ間柱を、このように3本並べる。❷丸ノコで同じ角度に切れ込みを入れて手ノミで叩き落とす。❸結果は……かなりガポガポだが筋交いは収まった。構造上重要なのは、間柱でなくて断然、筋交いなので、これでいいのだ！　また土砂崩れや落石など、山側からの圧力を考慮して、山側に突っ張る筋交いを多く入れた

間柱の切り欠きが面倒くさい

間柱は、柱と柱の間に455ミリごとに入れる。上端を「凸」の字に加工した間柱を、梁と桁に開けたホゾ穴に差し込み、下部には当木を取り付けて固定する。

阪口「ホントは土台に切り欠きを入れるんですけどね。面倒くさいからナシ」

中山「このホゾ穴の開け忘れって、よくあるんだよね」

水野「よく忘れなかったねえ。中山さんらしくないじゃない」

中山「開け忘れたら『ホゾを噛んで』悔しがるところだったんだけどね……あれ？」

一同「次からダジャレは禁止！」

壁によっては「筋交い」を入れないといけない。筋交いは壁にナナメに入れる材で、耐震強度を高めるのに必須だが、間柱に切り欠きを入れるのが実に面倒くさい。具体的にはこういう感じである。

間柱を仮留めする⬇筋交いを当てて切り欠き部分に印をつける⬇間柱をいったん外す⬇丸ノコと手ノミで切り欠

構造用合板は、「2×4工法」で使用する丈夫な壁材。軸組工法と併用することで、より強度が高くなるのだ！

く⬇間柱、筋交いを本留めする

要するに「現場合わせ」しか方法がないという面倒な作業なのだ。それでも4カ所の耐力壁ができたので、ひと安心である。

間柱と筋交いを取り付けたら、今度は壁の下地となる「構造用合板」を張り付けていく。構造用合板は、厚さ12ミリ程度の、ちょうど畳1枚くらいの板で、これを壁材にすることで耐震性、気密性が高まるのだ。

中山「『高気密・高断熱』を目指すアネックスとしては、ここにはコダワリました。えっへん！」

阪口「普通の木造建築なら野地板で十分ですよ。施工もラクだし」

構造用合板は、柱の間隔と同じ1820ミリだが、柱が微妙に傾いているせいで、1枚につき数ミリのズレが生じてくる。それでも作業はサクサク進む。

最後の難関、「妻壁」の加工

どんどん張っていくと、最後に残るのが「妻壁（屋根にかかる部分の壁）」だ。屋根の角度に合わせて合板を切り

妻壁の加工に大苦戦！

❶まずは寸法を測る中山。メモ用紙を持ってないのに注目。❷暗記した数字を元に墨線を引く

❸1枚目。わりと成功した。❹同様に2枚目。ぜんぜん合ってない！ ❺なんだこの隙間は！　高気密じゃなかったのか!?

張りしないといけないわけだが、桁の飛び出しや金物を避けるなど、実に複雑な形に切り抜かないといけない。しかもこれが重いのだ。どうせ1回じゃピッタリはまらないので、脚立を降りて丸ノコで微調整して、また脚立登って、でもやっぱりはまらなくて……の繰り返しだから、徒労感がハンパないのである。

中山「ええと、782ミリの347ミリと……」

口の中でブツブツいいながら脚立を下り、丸ノコで切り抜いたコンパネを、運び上げてはめてみる。

水野「全然違うじゃん！」

阪口「ちゃんとメモしないとダメだってば！」

そう。誰かに話しかけられたりするうちに、頭の中の数字がすっかりデタラメになっちゃうのであった。

しかし今回、一番面倒だったのは、なんといっても山側の壁であった。なぜなら土留めと建物の隙間が狭すぎてイ

しかも背後の土留めには、尖った針金が飛び出していて、服が破れるというトラップが！

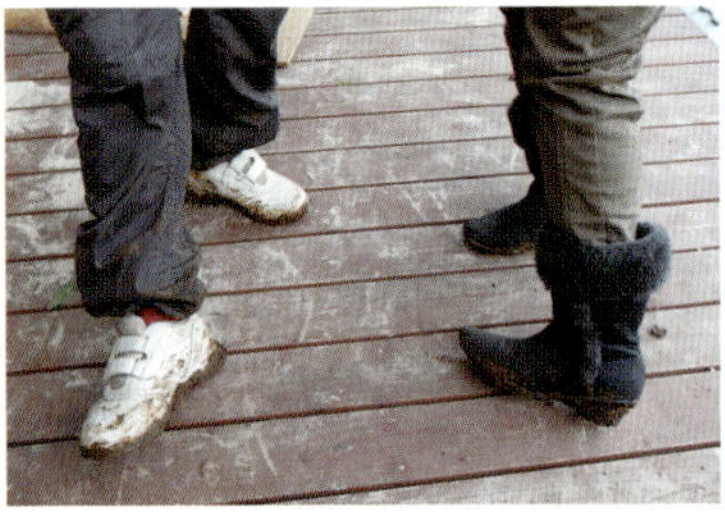

さらに地面は屋根の雪解け水でぐちゃぐちゃ！

コンパネと構造用合板の違いって？

コンパネは「コンクリートパネル」の略で、コンクリを打つときの型枠用合板のこと。普通の構造用合板よりも防水性能が高いが、実際には混同されている。本書では構造用合板で統一した。

みんな嫌がってなかなか手を付けなかった山側の壁の施工に仕方なく着手する

次第に狭まる隙間の恐怖！

❶建ててから判明したんだが、アネックスは母屋側に行くに従って法面との隙間が狭くなる。そのため最初はなんとか身を入れて作業できたのが、❷徐々に狭まっていき……、❸最後にはこのような状態に

今回の「やっちまった!」
狭すぎる土留めと建物の隙間に大難航!

土留めに近すぎる場所に基礎を打った時点で、予測できたはずなのに……

隙間恐怖症

アネックスでは隙間という隙間にコーキング剤を注入した。数ミリ程度の隙間はコーキングで、それ以上の隙間は「発泡ウレタンフォーム」を使用した。このウレタンフォーム、ブシューッと吹き付けると、ピンク色のネットリした液体が張り付き、ムクムクと膨れあがって、そのまま発泡スチロール状に硬化する。隙間という隙間に次々と吹き付けて数時間後……膨張したピンク色のウレタンがモッコリとはみ出し、まるで未知の生物の巣みたいになった。

想像以上に膨張するので要注意

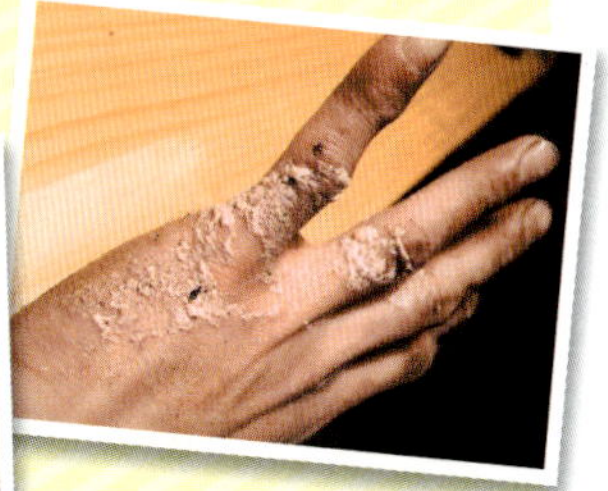
手につくとなかなか取れないんだ

ンパクトドライバが入らないのだ。

水野「ビ、ビスが打てない!」

中山「あーやっぱり? 実は土台ができたときに、やばいなーと思ってたんだよね」

一同「だったらなんとかしとけよ!」

中山「いやまあ、なんとかなるかなと思って」

一同「ならねえよ!」

斎藤「しかも雨だれがポタポタ不快だし」

小山「足元ドロドロだし」

阪口「オレなんか、土留めのトタン板から針金飛び出てて、服破けたもんね」

……ここは『タイガーマスク』の「虎の穴」(地獄の訓練施設)か!?!?

今回かかったお金

間柱・筋交い	
27×105　3m×20	1万1600円
27×105　4m×12	1万0320円
コーキング剤・発泡ウレタン	3250円
小計	**2万5170円**
前回までにかかったお金	39万8590円
残金	**7万6240円**

process 8

壁の施工2
窓サッシを入れる

高所恐怖症を乗り越え、壁と窓の施工に精を出す。ようやく、家らしい外観になってきたぞ！

最後の軒壁を張るのが非常に困難だった。構造用合板はなにしろ重い。この後、漆喰塗りのために足場を組んだが、順番が逆だった……（泣）

雪解け水が滴る山側の壁を張り終え、両妻壁もほぼ終わり、残るは谷側、最上部が地上4㍍に達する軒壁である。脚立を目一杯に延ばして、構造用合板を担ぎ上げ、ビス留めするのは、毎度のことながら寿命が縮む思いだ。

中山「そうそう。この間、都民共済入っちゃったよ」

阪口「オレなんか医療保険入っちゃったもんねー」

中山「へええ。怪我したら、いくら出るの？」

阪口「1日7000円」

中山「じゃあ墜落した方が儲かるじゃんよ」

水野「それは保険金詐欺でしょ！」

馬鹿なことをいいながらも作業は進む。脚立をふたつ並べて、中山と阪口で担ぎ上げる。

阪口「構造用合板って、何キロあるのかな？」

中山「調べたら、厚さ1㍉＝1㌔だってさ」

阪口「……てことは？」

中山「この合板が11㍉だから11㌔」

窓サッシは外壁の施工の段階ではめこんで、四方に防水テープを貼っておく

壁の四方を覆うように防水紙を張っていく。下から重ねるように（撮影＝尾原深水）

施工した窓から「ネスカフェ」な写真を1枚。今年の年賀状にしよう

構造用合板を張り終わったところ。ここからの作業は早い（撮影＝尾原深水）

阪口「うぐ……一気に重くなった気がする」

しかも合板を張り終えた壁には、手がかりがなくなってしまうのだ。重心が後ろにかかると、そのまま墜落しそうになる。怖すぎる……。

中山「誰か高所恐怖症の克服方法、教えて下さい！」

サッシに窓、換気扇……

死ぬ思いで軒壁を張り終えたら、次の作業は窓サッシの取り付けだ。

アネックスには「1230ミリ×970ミリ」の窓サッシを2枚入れる予定である。木枠は、余った間柱材を組み合わせて作る。水平を出しながら設置しないといけないので、しかもちゃんと垂直に、けっこう神経を使ったんだが、これが後で問題となる（79頁参照）。

もうひとつ。ロフト部分にも「はめ殺し窓」を入れることにした。はめ殺し窓には母屋の改修工事中に出てきたガラス板を流用する。寸法通りの木枠を作り、ガラス板を4枚重ねて厚さ10ミリ程度の板ガラスとし、間に15ミリの空気層を挟むようにした。外側から桟を取り付け、最初の4枚をはめ込んで、細木を挟み、残りの4枚をはめ込む。各層に

小屋作りの基礎知識 防水テープの貼り方▶サッシの下部、左右側、上部の順で貼っていく

一番怖い軒壁には、施主自ら登るのがお約束
（撮影＝尾原深水）

1ロール50㍍のアスファルトフエルトを、下から150㍉程度重なるように壁全体に張っていく（撮影＝尾原深水）

脚立の天板に乗るのは危ないので止めましょう
（撮影＝尾原深水）

防水シートの上から、タッカーでラス網を張っていく
（撮影＝尾原深水）

はコーキング剤をたっぷり注入。

中山「これだけ塗りつければ雨漏りしないだろ」

阪口「シロウトはコーキング剤を多用するよね」

中山「そうそう。とりあえず塗っとけ、みたいな」

ついでに換気扇も取り付けちゃおう。

なぜこんなところに換気扇が必要なのか。室内の暖かい空気は常に天井付近に滞留するので、屋根と外気の気温差により結露が生じやすいからだ。

しかしこの換気が不十分で、あとで泣かされることになる（81頁参照）。

やっかいなラス網張り

全体に構造用合板を張り終えたら、その上に「アスファルトフエルト（防水シート）」を、タッカーで留めていく。さらにその上から「ラス網」を張る。

水野「ラス網って？」

阪口「下地モルタルに埋め込む金属製の網のことです。モルタルがひび割れても、ラス網でつながってるから剥落しないわけ」

中山「でも、これがすごく厄介なんだよ。有刺鉄線みたい

今回の「やっちまった!」

落石の危険を口実に、山側にはラス網張らず

谷側と山側で、壁の外観が異なる家になる

山側の壁は、落石を考慮してガルバリウム波板で仕上げる

防水シートを張った上からタテ張りする。波板の山は三つ重ねるのが基本だ

水勾配（100分の1）に気をつけながら、雨どいを取り付ける

（撮影＝尾原深水）

に服に引っかかるし、こんがらかってグニャグニャになるし、場所取るし」

水野「山側の壁だけラス網を張らないのは、なぜ?」

中山「そっちはガルバリウムの波板で仕上げることにしたんだよね。なにしろ落石の心配があるからね」

阪口「単に手抜きって話も……」

雨どいの重要性

雨どいは、単に雨水を集めて捨てるだけでなく、意外な効能がある。特にアネックスの場合は軒下が北側で、土留めに隣接している。湿気をもろに受けるから土台が腐りやすいのだ。雨どいによって水はけを常に良好にしておくことは、極めて重要なのである。

今回かかったお金

アスファルトフエルト×2	7000円
ラス網×31枚	4200円
ガルバリウム波板　9尺×10	1万2800円
ガルバ用傘釘	1280円
小計	**2万5280円**
前回までにかかったお金	42万3760円
残金	**5万0960円**

小屋作りの基礎知識 **雨どいについて** ▶雨どいの水勾配は1/100。「とい受け」は910ミリ間隔でもいいが、積雪を考えると455ミリが無難だ

process 9

壁の施工3

ついに外壁が完成！

大勢の助っ人のおかげもあって、延々3回にわたった外壁の施工も無事完了。美しい白亜の建物が現れた！

まずは単管パイプで足場の組み立て！

阪口が自宅建築で入手した単管部材を持ってきてくれた

漆喰塗りでどうしても必要になったので、今さらながら単管パイプで足場を組み立てる

組み立てでは17ミリインパクトレンチが大活躍

今回は阪口が足場用の単管パイプを入手したというので、まずはその組み立てから。

阪口「これ、借りたら高いぜ？　ウン十万円コースだな」(←恩着せがましい)

足場の組み立てで重要なのは壁との距離だ。近すぎても作業しづらいし、遠いと、もちろん届かない。絶妙な距離が肝要なのだ。

足場が組み上がったら、いよいよ左官作業を始めよう。まず下地用モルタルを、ラス網が隠れる程度まで塗り固める。乾いたら漆喰の下塗り、そして仕上げの上塗りをして完成となる。今回は1日目に下地モルタルを塗って、2日目に漆喰の下塗りをやろうという段取りである。

人員を募ると8名が参加してくれた。3班に分かれてもらい、1班は養生テープ貼り、2班は壁全体に「シーラー」を塗布、3班にはモルタルを練ってもらう。

シーラーとは下地に塗る接着剤のことで、塗料やモルタ

続いて養生テープとシーラーの塗布

➡⬇漆喰が剥離しないように、念のためシーラー（接着剤）を塗っておく

⬆これで面倒な軒壁にもスイスイ手が届く……って危ないぞオイ。⬅漆喰を塗る前に重要なのはマスキング。これをやるとやらないでは仕上がりがまったく違う

ルなどの剥離を防ぐ効果がある。それぞれの作業が終わったところで、いよいよ左官作業開始である。

　モルタルはコテ板に少量載せて、下から上に薄く塗り重ねていてくのがポイントだ。一度に多く塗ると、垂れてきたり厚みが違ってきたりする。

水野「偉そうに説明してるけど、実はそんなに経験ないよね？（失笑）」

　それぞれコテ板にモルタルを盛り、思い思いの場所で一斉に塗り始めた。

水野「漆喰塗りは作業自体が安全だから、子供でも楽しめるので、ワークショップにはちょうどいいですね」

中山「ま、施主が仕上がりをいっさい気にしなければ……の話ですけどね」

　さすがの人海戦術で、作業は順調に進捗。予定通り1日でモルタル下地塗りが完了した。

沈黙の漆喰塗り

　2日目は漆喰の下塗りである。今回はネット情報を元に、早起きして漆喰を練っておき、1時間ほど寝かせてから施工することにした。こうすることで水が浸透してダマが少

さらに下地用モルタルを塗り固める

左官作業は比較的安全なので、人を集めて作業するのが楽しい。今回もDIYガールが集まってくれた

まず下地モルタルを塗る。ラス網が隠れるくらい厚めに塗りこむ

下地モルタル塗りは人海戦術で臨んだこともあって、一日で完了

なくなるのだ。今回も一斉に作業を開始。半日で漆喰20㌔×2がなくなってしまった。

日を改めて、最後の漆喰の上塗り作業である。今回は2時間ほど寝かせてみた。まだダマは残るものの、ネットリとしてソフトクリームのように練り上がった。前回で下地ができているので、仕上げ塗りの作業は楽ちんだ。下塗りのデコボコが均一に目立たなくなるように、全体に塗り込めていく。

みんな、ほとんど会話もせずに作業に没頭する。他の建築作業と比べて左官作業が特殊なのは、この没入性ではないだろうか……。

中山「本格的な漆喰塗りは、3回塗りが普通らしいね。下塗り、中塗り、上塗りで、完成するとピッタリ平面に仕上がるという」

阪口「シロウトの場合は、下地のアラを隠すのが仕上げ塗りの主目的になっちゃうのが悲しいところだね」

水野「しかも誰かがコテを地面に置いたせいで、漆喰に泥が混じっちゃってさ、なんとなく汚いんだよねー。実はアタシなんだけど」

中山「なにい!? オレの顔に泥塗りやがって!」

最後に楽しい漆喰塗りで仕上げ！

祖父が伝説の左官職人だったという福田さん

漆喰は、前日までに練っておいて馴染ませておくといい

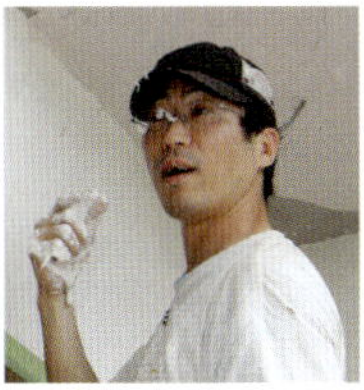

下地が硬化したら、仕上げの漆喰塗り。粘度がゆるいと垂れてきて、このようになる

阪口「それをいうなら『恥の上塗り』!?」

持つべきものは業者の友

水野「ところで壁の下端60ｾﾝに漆喰を塗らなかったのは、なんで?」

中山「そこは化粧レンガを張って仕上げようかと考えてるのでね」

化粧レンガ。それは、人力山荘の台所に張ってある「なんちゃってレンガ」のことである。薄くてペラペラだが、接着剤で張り付けるだけで、手軽にアンティーク調レンガ風味に仕上がるというスグレモノだ。さっそく、ホームセンターを物色してみると……1個80円だった。しかし塵も積もればで、計算してみると、必要な個数は約400個なので、3万2000円。圧倒的に予算オーバーである。

そこで阪口の友達で「秩父石材」の嶋田さんに泣きついてみたところ、なんと、化粧石板を、大量に、タダで、ついでに研磨機も、さらには搬送用の軽トラックまで貸してくれることになったのである。持つべきものは業者の友達である。

漆喰を塗り終わったアネックス。見違えるほどシャレオツに

デコボコ下地の犯人は誰だ!?

さっそく作業開始。

基本的に石材専用ボンドで張り付けていくだけなので楽ちんである。

しかし1カ所だけ、下地がデコボコのまま仕上がった部分があった。このデコボコの上に石板を張ると、当然ながら石板が3センチほども浮き上がってしまうのだ。これはさすがにひどい。

下地モルタルを厚塗りする方法もあるが、デコボコ部分を削り落とした方がラクだと判断し、バールでガシガシ削ってみた。改めて石板を張り付けてみると……さっきよりはずいぶん「浮き」が少なくなった。

中山「まったく誰だよ。こんなテキトーな施工したヤツは!?」

作業写真をさかのぼって犯人を調べてみると……。

中山・阪口「水野さんじゃないかーっ!」

水野「えーっ!　アタシ知らないよー?」

中山「この写真が動かぬ証拠だ!」

阪口「しかも笑ってるし!」

壁の下側は化粧石版をあしらうが……

腰高までは化粧石板で仕上げることにした

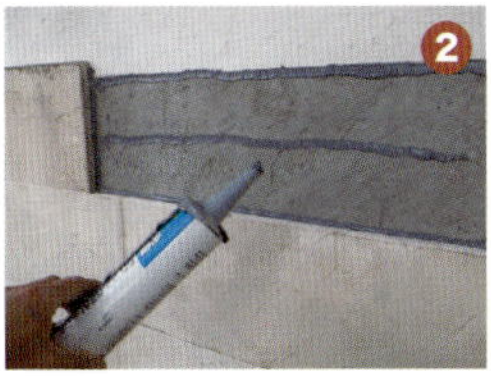

専用接着剤を下地モルタルに塗って、ペタリと圧着していく

下地がデコボコだと隙間が生じるが、慌てず騒がず仕上げの漆喰をたっぷりと塗りこむ

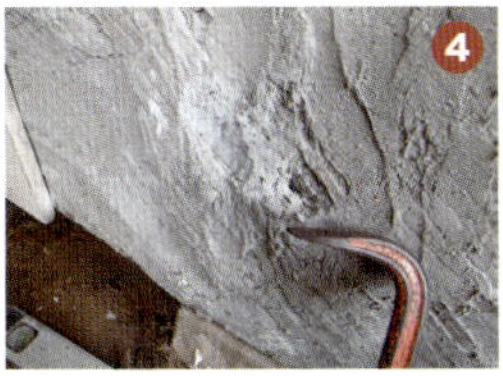

ひどいデコボコを発見。バールで欠き落とす

このようにして、どうにかツジツマが合ってしまうのがセルフビルドの面白いところ

水野「だってラス網がグニャグニャだったんだもん!」
阪口「じゃあラス網張ったのは?」
またしても写真を遡っていくと。
中山「……あ」
阪口・水野「オマエじゃねーか!」

今回の「やっちまった!」

下地にデコボコのまま仕上がった個所を発見!

撮った写真で犯人捜しをしたところ、やらかしたのは家主でしたとさ

今回かかったお金

下地用モルタル×7袋	6350円
下地用シーラー 25キロ	6150円
漆喰×3袋	7470円
着色剤その他	1700円
外壁用化粧石	0円
研磨機	0円
ダイヤモンドカッター	8000円
石材エース×4	3200円
小計	**3万2870円**
前回までにかかったお金	44万9040円
残金	**1万8090円**

process
10

内装工事に突入だ！

外壁が完成したので、いよいよ内装工事に。
ここで初めてアネックスの不思議な構造がつまびらかに！

写真右奥の梁が１段目で、この上に中二階ができる。その手前の梁を中三階にする予定なのである

まずロフトの根太受けを梁に取り付ける

中山「実はこのアネックスには、ものすごいヒミツがあるのだよ」
水野「なになに？　動く城になっちゃうとか？」
中山「……平屋なのに三階建てなんだよ」
阪口「……意味がわからないんですが」
中山「つまりだな。ロフトがあって、さらにその上に、もうひとつロフトができる予定なのだよ」
水野「要するに、中二階の上に、さらに中三階まで作るってこと？」
中山「その通り！」
阪口・水野「えーっ!?　できるの、そんなこと？」
中山「この写真を見てみたまえ。右端の太い梁が一段低くなってるでしょ？　ここが最初のロフト。次に真ん中の太い梁。ここがふたつ目のロフトの床面になるのだよ」
阪口「うーむ。確かに梁に根太《ねだ》を渡して床を張ればロフトにはなるわけだが……それにしても天井低すぎね？」

一階床の施工

↑まず防腐剤を塗った防水合板を張って、その上に根太を張った。←根太が混んでる部分は本棚の予定

中二階ロフトの施工

根太受けの上に根太を渡していく。書庫にも転用できるように根太はヒノキの筋交い材を使用

荒床を張ったところ。外壁よりも先に作ったのは、外壁の施工が楽になるから（高所恐怖症対策である）

中山「まあ中三階は鰻の寝床みたいになると思うけどね。中二階は立ち上がれるくらいの高さは確保したよ」

もう少し具体的に説明してみよう。

アネックスの正面右手奥に3畳間のロフトを作る。ここが中山の寝室となる。さらにその上、一段高い梁の上に、2畳間ほどの屋根裏部屋のような空間を設ける。ここが中三階となり、荷物置き場として利用する計画なのだ。

阪口「床面積が狭いぶん、空間を最大限に利用するわけですな」

中山「なんかヒミツ基地みたいでしょ?」

ロフトを施工する

では、さっそくロフトの施工に取りかかろう。

まずは中二階のロフトから。根太受けを梁に沿って横に取り付け、その上に根太を並べる。これに合板の荒床を張り、フローリング材を張っていく。フローリング材はホームセンターで見つけた格安アウトレット品だ。

実はフローリングの施工は初めてである。そこでネットで施工事例を調べてから取りかかったんだが……。

中山「なんとなく奥から張っていったんだけど、後から考

⬆床断熱も安上がりなグラスウールにした。柱分の切り欠きを入れた構造用合板を張っていく。⬅室内全体に荒床を張り終えた（撮影＝尾原深水）

えたら手前から張り始めるのが正解だったみたい」

阪口「その方がキワをピッタリ合わせられるからね」

とはいっても後の祭り。根太用接着剤とフロア釘を併用しているので、取り返しがつかないのだ。ともあれ66頁の図のようなやり方で、どんどん張っていく。ちなみに床張り作業は、かなり楽しい。

こうして、他に先んじてロフトの床が完成。続いて中三階の床に取りかかる。こちらは2×4材の根太を根太受け金物で固定してみた。

水野「なんで、ロフトの床から先に始めたの？」

中山「目立たないロフトを先に作って、練習しようと思ったわけだよ」

阪口「目立たない部分から始めるってのは、DIYの鉄則です」

フローリング床のコダワリ

そして本番である一階フローリング床の施工に取りかかろう。

段取りは同じ。土台と大引《おおびき》の上に根太を打ちつけ、その上に合板の荒床、さらに仕上げの床材（フローリング、畳

仕上げの床材を張っていくのは楽しい作業だ。キッチリ建てたので壁も直角が出ていて施工が楽ちん

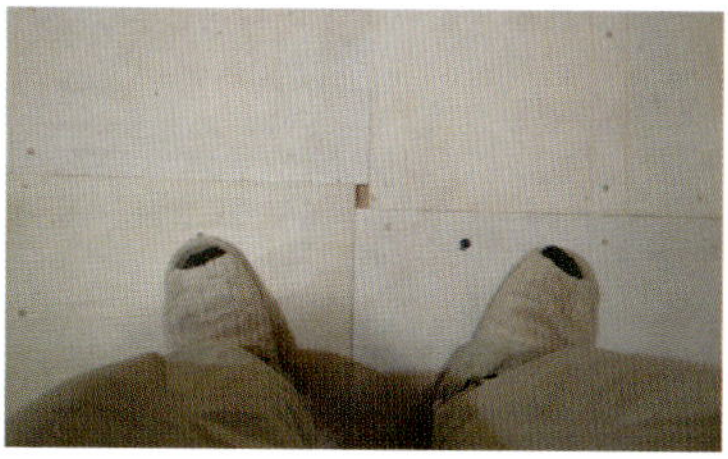

と、そこで発見してしまった30ミリ四方の床の歪み。残念というか、これくらいでよかったというべきか……

玄関部分の収めは、このように複雑な形状に切り欠くことに

など）を張って完成となる。

さて、ここで今回のコダワリである。

中山「じゃじゃーん。根太の下に防水加工した5ミリ厚の合板を張ってみた！」

根太と根太の隙間にはグラスウールやウレタンなどの断熱材を入れるが、地面にむき出しだと断熱効果が下がると考えた。そこで根太の下に合板を一枚張った上に断熱材を敷くことにしたのだ。

中山「一般住宅の場合、ベタ基礎が普通だけど、アネックスは独立基礎だからね。断熱材がむき出しにならないように、一枚入れることにしたんです」

防水加工した合板に防腐剤をたっぷり塗って、土台と大引の上に張る。その上に根太を打ちつける。根太は1尺（303ミリ）間隔だ。

阪口「山側だけ根太の間隔が狭いね」

中山「そこは作り付けの本棚になる予定だから、わざと頑丈にしたのだよ。ふぉっふぉっふぉっ」

床の下に新聞紙？

次に根太と根太の間に断熱材を入れていく。ホントはス

今回の「やっちまった!」

床下の一部断熱材に、丸めた新聞紙を利用

一部なので問題ない、はず

フローリング材の張り方

必要な工具はカナヅチ、ゴムハンマー、フロア釘、釘締め、釘抜き、木っ端、そして根太用接着剤。

まず荒床に接着剤を塗り、図のようにフロア材のサネのオスメスをピッタリ合わせる。荒床には、あらかじめ根太の位置を示すガイドラインを引いておこう。この目印に合わせてフロア釘をナナメ方向に打ち、釘締めで頭までカッチリ打ちつける。壁との取り合いは、巾木を取り付けるから、適当で大丈夫だ。

床の断面図

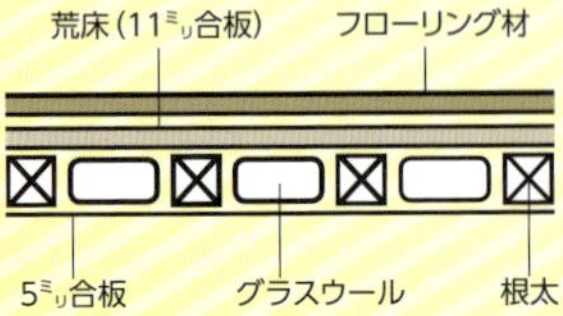

釘の打ち方

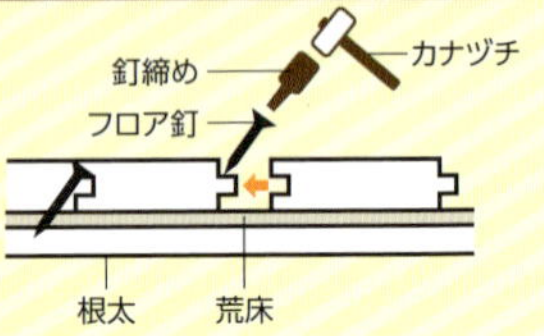

タイロフォームがいいんだが、そこはご予算の関係でグラスウールである。

阪口「しかも狭いところはクシャクシャにした新聞紙を詰めこむという荒技！」

水野「このあたりに施主の性格が出るよね」

次は荒床となる11ミリの構造用合板を全面に張っていく。この段階で、建物全体が、どれだけ歪んでいるかが、ひと目でわかる。構造用合板は畳一枚分ピッタリなので、敷き詰めていくと、微妙な隙間ができてくるのだ。

阪口「それで、どれくらいズレてたの？」

中山「誤差3センでした」

阪口「腕を上げたねえ。感無量だよ(泣)」

中山「うーん。そうかなあ」

少ないといえば少ないが……微妙。

今回かかったお金

根太(1階床)	1万3680円
根太(ロフト床)	6500円
構造用合板×14	1万5000円
防水合板×9	6300円
フローリング材7坪	2万6460円
フロア釘・ネダボンド×5	3500円
断熱材	5800円
小計	**7万7240円**
前回までにかかったお金	48万1910円
残金	**−5万9150円**

巾木▶床と壁の取り合い部分に当てる材。施工がガサツでも、これで目隠しすれば大丈夫！

トタン屋根の塗り替え

梅雨明けの某日、思い切って母家の屋根の塗り替えを決行した。

2008年の人力山荘購入当初、建築士さんにトタンの塗り替えが必要だといわれてたにもかかわらず、6年もホッタラカシにしていたのである。人力山荘は建坪が約15坪(＝30畳)なので、7リットル(45畳ぶん)あれば足りるだろうと思っていたら、塗り始めて15分で、圧倒的に足りないことが判明した。このままだと半分も塗れない……急きょ、塗料を買い足しに、中山が山を下りる。そして作業を再開して15分……。またしても、まったく足りないことが判明した。

ここに至ってようやく、初めて正確な面積を算出してみた。人力山荘の屋根は図のようになり、屋根面積は約102平米(約31坪)。62畳もあったのだ。要するに切り妻屋根の角度と、軒の張り出しのことをまったく考えてなかったわけだ。

それにしても2缶(90畳分)でも足りないって、さすがに使いすぎでは?

おそらく古トタンなので表面が錆び付いたりして、塗料の伸びが極端に悪いせいではないかと思われるが……。

ともあれ、2缶目を使い果たし、3缶目を買いに走る中山であった……。

屋根は意外に広いことを、お忘れなく!

屋根には樫の枯れ葉が大量に溜まっていたので、まずは大掃除

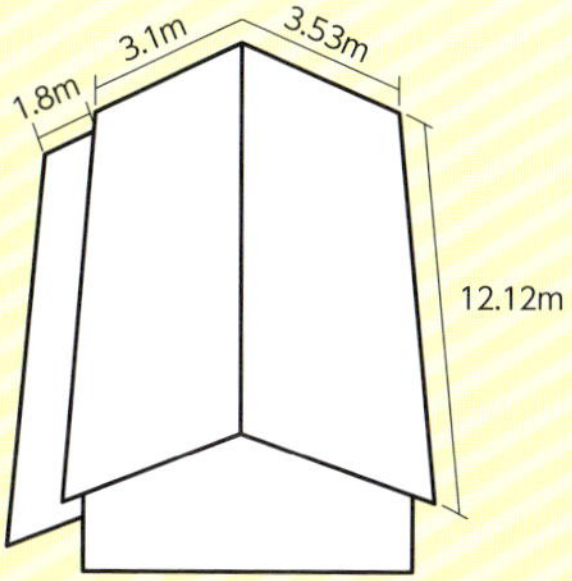

塗装の基本は下地調整。ワイヤーブラシで汚れをこそぎ落とす

後はひたすら塗って塗って塗りまくるのみ

お約束で、塗り立ての塗料に囲まれて離れ孤島の図。
もちろんヤラセです……

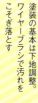

process 11

ドアを作る

床ができたので玄関を作る。しかし市販の玄関ドアは高額で予算オーバー。しかし、そこで入手した輸入ドアは……

完成した玄関ドア。ステンドグラスがシャレオツ感を演出

ドアは今までいくつか作ったが、必ず問題になるのが、「梅雨時になると建て付けが異常に悪くなる」。

原因は、湿気で木材が膨張するためである。

そこでアネックスの玄関ドアは、24ミリ厚の合板を加工しようかと考えていた。お値段は6000円程度だし、施工も楽だ。しかし、ひとつだけ難点があった。

それは、悲しいほど安っぽいということ。

かといって、市販の玄関ドアは超高級品である。最低でも15万円はする。

そこで見つけたのが、近くのアウトレット建材店で売っていた輸入モノのドア。お値段は2万8000円。ドアノブ、錠前をつけても5万円でお釣りが来る。

これぞ天啓！　というわけで、その場で即買いした。

さらに浮いた金でなにを買おうか……と思って店内をウロウロしていたら、いい感じのステンドグラスが目に留まった。これを玄関ドアに取り付けたら、さぞかしシャレ

とりあえずあてがってみたら、驚愕の事実が判明。寸法、ちゃんと測って買いに行ったんだけどなあ……

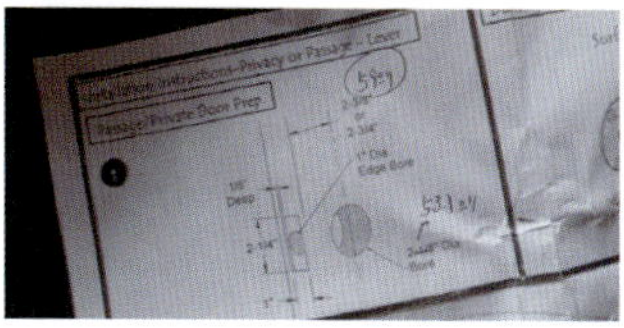

アメリカからの輸入品だったため、トリセツの単位表示はすべてインチ

⬆既製品の輸入ドア。塗装もしてない無垢材である。本来は室内用だが、玄関用に転用した。⬅ドアハンドルとシリンダー錠のセットもメイド・イン・USA

オツに仕上がるに違いない……お値段は1万3000円。これも衝動買いしてしまった。

さて、どうやって施工しようか……？

さっそく取り付けに挑戦しようとしたところで、いきなり出鼻をくじかれた。

なんと戸口よりもドアの方がでかかったのである。

ドアか枠か、それが問題だ

阪口「なんでそうなるのか理解できないんだけど」

中山「安さに負けて衝動買いしたせいです」

選択肢としてはふたつ。戸口を広げるか、ドアを削るか。

阪口「オレならドアを削るな」

中山「枠広げる方が簡単でしょ」

阪口「いや、ドア削るだろ」

中山「枠だって！」

阪口「絶対ドア！」

水野「ていうか枠を広げるって発想がないからフツー」

結局、家主特権で枠を壊すことにした。取り付けていた木枠を外すことで3㌢広げた。高さはドアが3㌢短かったので、戸当たりでごまかすことにした。

小屋作りの基礎知識 **ドアの施工**▶既製品のドアに合わせてドア枠を施工するのが通常である

サイズの合わないドアをどう施工するか

仕方ないので柱自体を方立てとすることにして施工を進める

高さ調節のために木枠を増設する

方立てを取り外したので、厄介事が増えてしまった……

戸当たりを取り付けるために石膏ボードを一部削るハメに……

次はドアハンドルと錠前の取り付けだ。

水野「あれ？　このトリセツ、英語で書いてない？」

中山「そうなのよ。アメリカからの輸入品だから」

阪口「しかも『センチ』じゃなくて『インチ』表示だね」

中山「1インチって、2・5㌢だっけ？」

水野「正確には25・4㍉です」

阪口「ここで計算間違ったら、すべてが台無しだね」

中山「オレもそう思ったから、記載されてるすべての数字を、センチ表示に書き直したよ」

慎重に高価なドアを加工

そんなことでトリセツに従い、ドアハンドルの取り付けに入ろう。

規定の大きさのドリルビット、55㍉径と25㍉径を買い揃えて、都合4カ所に穿孔。ドアハンドルとシリンダーの装着が完了した。

次はステンドグラスの取り付けである。

これはけっこう勇気が必要だった。なにしろ切り損ねたら2万8000円のドアがパー。今までの人生で一番高い焚き付けとなってしまう。

小屋作りの基礎知識
戸当たり▶ドアが閉まるときに当たる、ドア枠よりひと回り小さい木枠のこと。ドアと床、壁との隙間をなくす効果がある

塗装して、ドアハンドルをつける

「キシラデコール」で塗装。ドイツ製の高級防腐塗料である

座掘ドリルを使って、カギとラッチの2カ所を座掘る

蝶番は3カ所。上部に2カ所、下部に1カ所取り付けた

ドアの側面にも角形に穴を開けてラッチを取り付ける。方立てにもラッチ穴を開けた

位置決めをして印をつけたら、ジグソーの刃を入れていく。緊張の一瞬である。四方に切れ目を入れて、正方形に切り抜いたら、ステンドグラスをはめてみる……よかった。ピッタリだ。

中山「こういう緊張しているときって、意外と失敗しないもんだよね」

阪口「高い金かかってるから慎重になるんじゃないの？」

ドアの取り付け

さて、ドア本体の加工が終わったら、いよいよ取り付けであるが、これが難関だ。

中山「ここで活躍するのが、じゃじゃーん！　蝶番専用下穴ドリルビット！」

先端部分を蝶番の穴にはめこむことで、見事、「どストライク」に穿孔してくれるというスグレモノだ。

阪口「確かに下穴が微妙にズレると、蝶番の位置が微妙にズレるんだよね」

中山「やったことある人は激しく同意してくれると思うけど、1ミリのズレが命取りなんだよねぇ」

まさに必要は発明の母である。（↑2回目）

小屋作りの基礎知識　**方立て（ほうだて）**▶ドアハンドル側の壁に取り付けられた材木のこと。ラッチが入る穴を開ける等の加工をする

ステンドグラスの取り付けは超慎重に

ステンドグラスをはめ込むために、規定の大きさを墨つけして、丸ノコを入れる……緊張の一瞬である

ヨカッタ……

天井用の回り縁を流用して木枠を作成

ステンドグラスをはめ込んでみる。ピッタリである

そんなことで、なんとかドアの仮留めに成功。祈るような気持ちでドアを閉めてみると……ああ、やっぱり。ドア幅が微妙に大きすぎるのだ。

中山「ホント、ドアって難しい」

阪口「わかるよ。できれば隙間なく仕上げたいけど、やり過ぎると微妙に建て付けが悪くなるという……」

ここでも選択肢は2つ。ドア本体にカンナをかけるべきか？ それともドア枠に蝶番ぶんの厚みの切り欠きを入れるべきか？

阪口「そりゃカンナだろ」

中山「いや、切り欠きだろ」

阪口「絶対カンナだって！」

中山「切り欠きだってば！」

水野「両方やっちゃえば？」

中山・阪口「それはない！」

いつまで経っても意見のまとまらない人力社であった。結局、今度は阪口の意見を容れてドア側面にカンナをかけて、なんとか収まりがついた。

今回の「やっちまった!」

安さに負けてサイズ違いのドアを買っちまった!

しかたがないのでドアの枠を広げた……

こうして完成した玄関ドア。梅雨時は建て付けが悪くなるが、概ね大満足の仕上がりである

ついでに玄関の上がり框(かまち)も作成した

和田からもらったイチョウのタテ引き材を靴脱ぎに。ドアストッパーも取り付けた

今回かかったお金

ドア本体	2万8350円
ステンドグラス	1万3000円
ドアハンドル	1万1550円
シリンダー錠	5250円
小計	**5万8150円**
前回までにかかったお金	55万9150円
残金	**−11万7300円**

50万円で
小屋が建つ!?

process
12

内壁の施工

いよいよ内壁工事が始まったが、舞い上がる粉塵によるホワイトアウト！
閉まらない窓の鍵！　相次ぐ困難がアネックスを襲う！

石膏ボードを張り終わった段階で記念写真
……いや、ロフト部分がまだ終わってなかった

今回は内壁の施工である。
手順としては、すでに完成している外壁の内側に断熱材を入れ、壁材の石膏ボードを張る。仕上げは基本的に壁紙で、梁から上が漆喰である。

水野「なんで梁から上だけ漆喰なの？」
中山「それはですね。垂木が『現し』になっているからなんですよ」

つまりこういうことである。アネックスにはロフトを取り付けたかったので、天井ギリギリまで空間を確保しなければならなかった。そのためには天井板を張る余裕がないので、必然的に垂木が「現し」（要するに見えちゃうこと）となる。

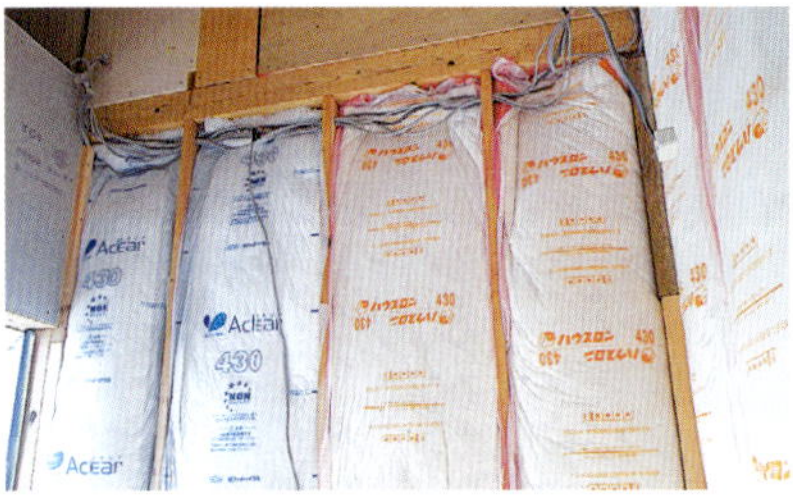

壁にはグラスウールをぎっしり詰め込んだ。
青いのが薄いタイプで二枚重ね

左から地元友人の後藤さん、大学生アカス、水野、編集部・菊地君、旅友達の小山さん、そして中山

体重をかけた拍子に欠けてしまった。石膏ボードは割れやすいのだ

石膏ボードを運び込む助っ人さん。道路付きが悪くてご苦労をかけます

そうすると垂木と垂木の隙間をどう埋めるかが問題となるわけだ。

中山「垂木と垂木の隙間って面倒くさいんだよね。いちいち壁紙を切り張りするのも大変だし。そこで漆喰で仕上げることにしたのですよ」

水野「そもそも天井をもっと高くすればよかったんじゃないの？」

中山「そうすると通し柱5㍍が必要になるので、ご予算が合わないのですよ！」

断熱効果を追及する

ではまず断熱材から。

床、屋根と同じく安価なグラスウールを使用したんだが、震災以来の資材不足で、ホームセンターでも、たびたび品切れ。なので今回は、複数の店舗から、種類違いのを仕入れることになった。しかも住宅用のグラスウールには、100㍉厚、50㍉厚の2種類があるんだが、50㍉厚のしか売ってなくて、泣く泣く二枚重ねで張ったりした。

グラスウールは間柱と間柱の間にタッカーで留めていく。

小屋作りの基礎知識

材木の値段▶材木は2㍍、3㍍、4㍍が通常サイズで、5㍍以上になると値段が跳ね上がる

石膏ボードを張り付ける

2枚重ねで施工するので、丸ノコで重ねて切断

石膏の粉が飛散して大変なことに。一度切るたびに、外に出て深呼吸した

石膏ボードの切れ端が大量に余って、壁に立てかけてある。これを処分するのが後々の面倒事だった

壁内配線なので、スイッチ、コンセントの穴を開けておいた

全体に隙間なく張り終えたら、次は内壁材の石膏ボードだ。

　ここで今回の中山のコダワリである。

「じゃじゃーん！　石膏ボードを二重にする！　ボードには大きく、9・5ミリ厚、12・5ミリ厚、15ミリ厚があるんだが、アネックスでは、さらに断熱効果を徹底させるために、9・5ミリボードを2枚重ねして、19ミリの「極厚」としたのだよ。どうだ！　参ったか！」

水野「結果は冬に出るわけね」

中山「その通り！　奥多摩に引っ越して以来、冬が楽しみなんて初めてだよ。ふぉっふぉっふぉ！」

阪口「誰か、このバルタン星人を、なんとかしてください」

石膏ボードの搬入に四苦八苦

　しかし大変だったのは搬入だ。なにしろ70枚近い石

ボードを張り終えたら大掃除。石膏の粉がすごいことになっていた

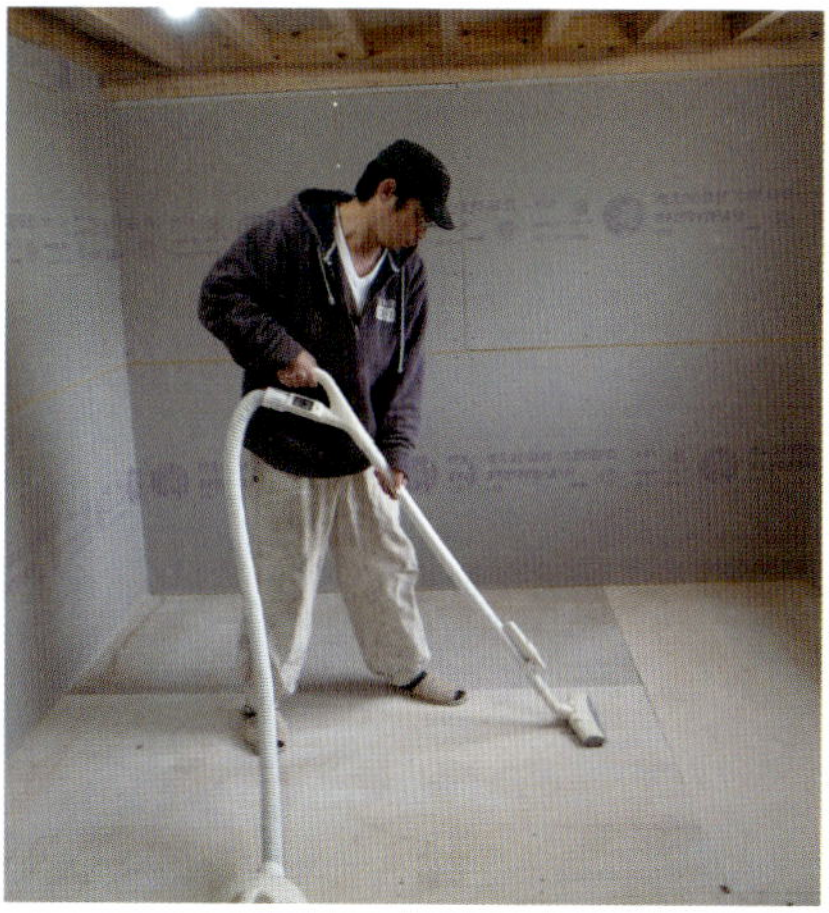

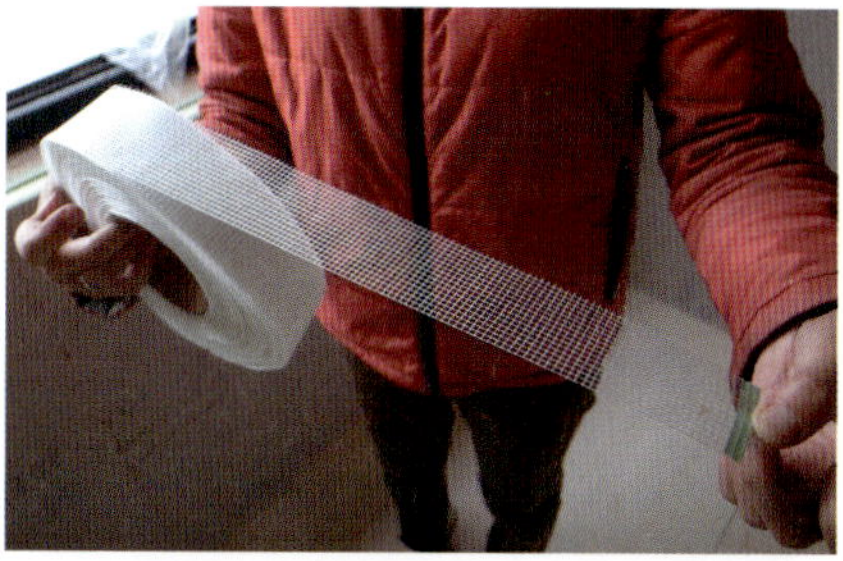

漆喰仕上げ時に使用するファイバーテープ。これをボードの継ぎ目に張っておくと、仕上がりにデコボコがなくなる

膏ボードを運びこむのである。助っ人さんに手伝ってもらい、床が完成したばかりのアネックスに運びこんで山積みにした。

安くて耐火性能も高い石膏ボードだが、最大の弱点は水に弱いこと。濡れると簡単にボロボロになるのだ。そこで切り張り作業はアネックス屋内でやったんだが、丸ノコで切断するたびに石膏の切りくずが、すごいイキオイで舞い上がり、まさにホワイトアウト状態となった。

中山「うー、じん肺になりそう……」

阪口「カッター使えば簡単に折れるんだけどね」

中山「うちは二枚重ねだから、丸ノコでないとダメなんだよ。しかも後の掃除が大変だよ。うげー」

こりゃいかん、ということで、普段使わないマスクを装着しての作業となった。

こうして4日ほどかけて内壁全面を張り終えた。

高気密・高断熱を目指すアネックスでは、窓にも気を遣った。断熱効果の高い窓といえば、もちろん「ペアガラス」である。

ペアガラスとは「複層ガラス」とも呼ばれ、2枚のガラスの間に乾燥した空気層を設けてあり、断熱、結露防止効

小屋作りの基礎知識 **石膏ボードの運び方**▶石膏ボードは簡単に割れちゃうので、2人がかり＆2枚重ねで運ぼう

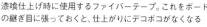

サッシ枠用の額縁を作る

1 半外付けタイプのサッシは、額縁の厚みが決まっているので注意しよう

2 規定の長さに切りそろえ、サンダーをかけてウレタンニスで仕上げた

3 取り付ける際にはいろいろ細工が必要だった

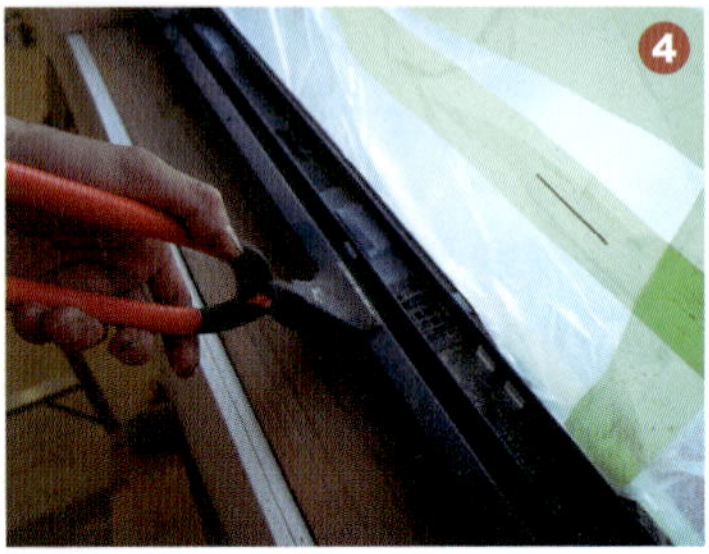

4 一部サッシが干渉するので無理矢理ひん曲げたことも……

5 それでダメなら無理矢理叩き込んだり……

果がとても高いのだ。お値段は普通のガラス窓の約2～3倍。少々値が張るが、ここは妥協せずに奮発した。

サッシ窓には大きく2種類ある。「外付け」と「半外付け」だ。「外付け」は文字通り、木枠の外に取り付けるタイプで真壁（和室）用、「半外付け」は木枠にはめ込むように取り付けるタイプで大壁（洋室）用だ。アネックスの場合は「半外付け」である。

「半外付け」の場合、サッシ枠に差し込む「額縁」（窓の内壁四方に取り付ける仕上げ材）が必要になる。下枠の厚さは36ミリなので、18ミリ厚の集成材を二枚重ねにし、規定の長さに切り揃え、ウレタンニスを塗布して取り付けた。

問題は左右の縦枠と上枠である。それぞれ厚みが違い、手持ちの材ではピッタリはまらない……仕方ないのでサッシをはめ込むぶんだけカンナをかけて厚みを削るという、非常に面倒な作業となった。

小屋作りの基礎知識 **ウレタンニスのコツ▶**一度塗って乾燥させた後、サンダーをかけてもう一度塗るとツルツルに仕上がる

喜びが、次の瞬間には悲劇に代わることも、しばしばである

そしてペアガラスを取り付ける。この瞬間がなんともたまらないのだ

ようやく窓の取り付け

さて、いよいよ引き違い窓の取り付けだ。窓1枚にガラス2枚なので、けっこう重い。外側から慎重にレールにはめ込む。

中山「おお。窓がついたぞ」

阪口「やったねえ。滑りもいいし、カギもバッチリ……あれ？」

いやな予感である。

もしかして……カギが閉まらない!?

慌ててチェックしてみる。まず左側の窓。水平はちゃんと出ている。滑りも悪くない。カギもちゃんとかかる。次に右側。水平は出てる。滑りも悪くない。カギは……なんと、閉まらないではないか！　いや、ムリヤリかければ、かけられる。しかし右窓に比べると不自然な引っかかりがあり、全然スムーズじゃないのだ。な、なんで!?

原因は程なく判明した。窓の木枠が左倒れに菱形に歪んでいたのだ。

げげーーーっ！　サッシ枠をはめ込むときに、キッチリピッタリ測って取り付けたはずなのに……。

小屋作りの基礎知識　既製品の額縁▶サッシメーカーによっては、専用の額縁とセットで売っていることもある

今回の「やっちまった！」

窓はついたが、なんと鍵が閉まらない！

窓の木枠が歪んでいたらしい……

こんなに隙間が開いてしまった……とはいえ助っ人さんを責めることもできないよね（泣）

サッシがひん曲がってるのではないかとじっくり観察するが、よくわからない

原因を考えてみる。そういえば外壁工事で、誰かが窓の木枠に足をかけて作業をしていたことがあった。その時に体重がかかり、歪んだんではなかろうか……いずれにしてもサッシ枠を取り付ける前にチェックするべきだった。

中山「しまったあああ！」

阪口「いやいや、閉まらないんでしょ？」

水野「でもカギが閉まってよかったじゃない」

阪口「そうそう。ちゃんと窓も閉まるし」

中山「閉まりのないオチで、すみません……」

戸車で修正

サッシ下部についている、タテに2つ並んだネジ穴の下の方に、＋ドライバーを突っ込んで回転させることで、戸車の高さを調整できる

今回かかったお金

グラスウール×2束	1万1500円
石膏ボード×68	2万2440円
ペアガラスサッシ窓×2	5万3600円
窓枠用パイン集成材18ミリ	6280円
換気扇	5000円
小計	**9万8820円**
前回までにかかったお金	61万7300円
残金	**−21万6120円**

屋根換気大失敗!?

一般住宅では「小屋裏換気」というのをやる。「小屋」というのは建設用語で梁から上の造作のこと。

一般住宅をよく見ると、軒下の裏側に網が張ってあったり、妻壁に意匠付きの「ガラリ」が取り付けてあるのを見たことがおありだろう。アレは要するに屋根裏に籠もった熱気を逃がすための工夫なのだ。

アネックスの場合も切実な問題が発生した……ロフトに熱気が籠もって、異常に暑いのだ。そこで妻壁に小型の換気扇を取り付けて、24時間換気することにしたんだが……実際にロフトで寝てみたら、まるで熱帯夜である。特に日中、カンカン照りだった日には、熱が天井付近に籠もって、暑くて寝てられん!

そこで解決策を考えてみる。

- 天井に扇風機を取り付けて空気を撹拌する。
- 壁に穴を開けて、もうひとつ換気扇を取り付ける。
- 寝苦しい日は一階で寝る。

一番簡単なのは3番目だが、負けを認めたようで悔しい。

そこで24時間態勢で扇風機を回してみたんだが、熱い空気がかき回されるだけで、結果は芳しくない。

残る選択肢は、換気扇の増設である。ヤフオクで中古換気扇を落札して、取り付けてみた。すると確かにロフトの気温が下がった。しかし新品の既設品と比べると、明らかにやかましい……。

同じような製品でも、日進月歩で改良されているのだと実感した(←手遅れだけど)。

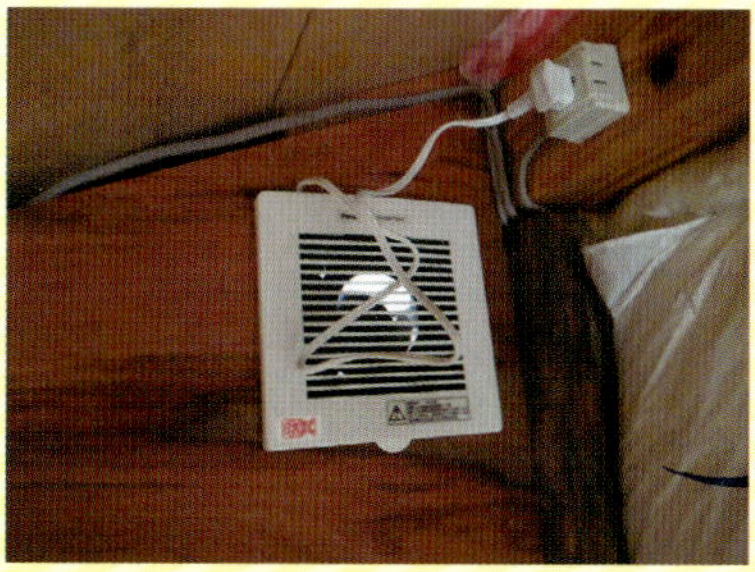

最初に取り付けた換気扇はトイレ用で小さすぎた

外壁には風雨除けのガラリを取り付けた

ロフトに熱気がこもってしまい、寝苦しくてかなわない……

process 13

壁紙を貼る

石膏ボードを張った内壁の仕上げに取りかかる。梁から上は漆喰を塗り、梁から下は壁紙を貼る。しかし、意外にも壁紙張りは初チャレンジ！

生まれて初めての壁紙貼り。どうすべきかじっくり検討中

今回は内壁の仕上げである。すでに書いた通り、主に壁紙で仕上げ、梁から上のみ漆喰となる。漆喰については、すでに何度も塗っているので段取りはバッチリ。手分けして養生テープでしっかりマスキングし終えたら、左官作業開始である。

中山「実は今回は、昨日のうちに練っておいたんだよね」

外壁の漆喰塗りの経験から、事前に練り置きしておいた方が、水分を浸透してダマが少なくなり、塗りやすくなることがわかったので、前日に練り置きして濡れ新聞紙をかけておいたのである。その甲斐あって作業は極めて順調。水野も「マイ左官ゴテ」片手に手慣れたものである。あまりに作業がはかどったせいで、漆喰が足りなくなり、半袋追加する事態に……実はこれ、致命的なのだ。漆喰には着色剤を練りこんであるので、練り足すと着色料の分量が変わってしまい、色合いが変わってしまうのだ。案の定、多すぎたらしく、漆喰の色が明らかに違う。その結果、塗り

仕事は段取り八分ということで、最初にキッチリとマスキング

室内の漆喰塗りは一度塗りで仕上げちゃうことにした

その間、担当・水野は中三階ロフトで黙々と漆喰塗りである

足したのが一目瞭然という残念な結果に……(泣)。

壁紙にもいろいろありまして

さて、今回のメインイベントである壁紙貼りである。

ネットで検索してみると、国産モノと輸入モノがあり、国産モノの方が断然安い。一方でシャレオツな柄は輸入モノに多い。ご予算の関係で、ここは当然、国産である。

さらに国産には「のりつき」「のりなし」の二種類がある。壁紙の裏側にあらかじめ糊が塗ってあるタイプと、自分で塗るタイプだ。「のりなし」の方が1㍍あたり90円安いので悩む。

中山「全部で40㍍以上買うことになるので、4000円も違ってくるんだが」

阪口「いや、しかし最初は『のりつき』の方が無難だろ」

水野「『のりなし』でやってみて大失敗するのもアリだよね」

阪口「『失敗してナンボ』の人力山荘だからね」

勝手なことをいってる連中は無視して、無難に「のりつき」を購入することにした。着払いで送ってもらうと、筒状の大きなロールが2本届いた。さっそく開封してみる。

水野「なに、この花柄!(失笑)」

トリセツ嫌いの中山に代わって精読するのは担当・水野

今回の助っ人は、中山の飲み友達の利川さん

のりつき壁紙は、乾燥しないようにビニール袋入りで届いた。けっこうな重量である

阪口「40代のオッサンとは思えないセンスだな」
中山「えー！　シャレオツじゃん」
水野「人力山荘には似合わないってことよ」
中山「じゃあ、どんなのなら似合うのよ？」
水野「……なんか、もっとダサいやつ」

一瞬、殺意を覚える中山であった。

気を取り直してトリセツを広げる。

水野「なになに……右利きの人は右から左に貼っていった方が楽なんだって」
阪口「『カッターの刃はまめに折るべし』ってさ」
水野「柄合わせが、けっこう面倒臭いみたいね」
中山「……まあいいや。やってみようぜ」
阪口「出た！　中山のトリセツ嫌い」

壁紙貼りのコツはカッターにあり

中山に代わって水野が熟読して作業開始。

まずは一番目立たない作り付け本棚の背部から。だいたいの長さに切って、のりが塗ってある裏地のフィルムをはがし、石膏ボードに貼り付ける。糊のおかげで、仮置きして微調整できるのがありがたい。隙間なく貼り付けたら、

刷毛で空気を逃がしながら、シワが出ないように貼っていく

石膏ボードにペタリと貼って、キワの部分をカッターで切り落とす

この時カッターの刃をかなり頻繁に取り替える。2回に1度は替えるくらいのイキオイで

刷毛で空気を逃がしてやる。最後に、はみ出した部分のキワに地ベラを当てて、カッターで切り落とす。この時カッターの刃が切れないと、切り口がささくれたり生地が破れたりするので要注意だ。

阪口「確かに刃は、まめに交換した方がいいね」

水野「仕上がりが全然違うよね」

中山「とかいって、水野さんやったとこガタガタじゃん！」

水野「中山さんやったとこだってガタガタじゃん！」

中山「阪口のとこも、ひでえな」

阪口「互いの仕上がりをけなし合う、低レベルの争い……」

美しい継ぎ目に憧れて

サクサク進んで、作業は壁紙と壁紙の継ぎ目の処理に入る。プロの仕事をみると、継ぎ目がまったくわからない完璧な仕上がりである。あれはいったい、どうやってるのか？

水野「トリセツによりますと、裏側両サイドのシール部分を重ねて貼って、カッターで切る。シールをはがして刷毛で均せばピッタリ貼れるんだって」

確かに壁紙の両サイドに、幅2㌢ほどのオレンジ色と青色のテープが、それぞれ貼ってある。この部分を二枚重ね

小屋作りの基礎知識 **霧吹きも有効**▶石膏ボードに壁紙を貼るときは、霧吹きで表面をぬらして貼ると、滑りがよくなり微調整しやすかった

全体に壁紙を貼り終えるとこんな具合。部屋の雰囲気が一変した

壁紙の継ぎ目を美しく貼るには

壁紙を1～2㌢重ねて貼り、重なりの中央をカッターで切る。残っているテープをはがして切れ端を取り、圧着すると真っすぐになる。

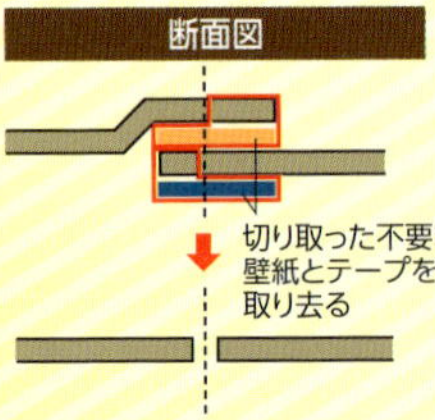

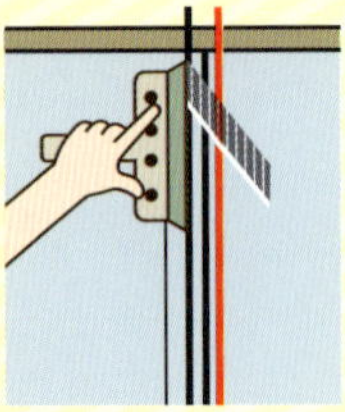

にした上からカッターの刃を強めに入れていく。半端を撤去して、それぞれの裏地のテープをはがし、刷毛でなぞると……おお。継ぎ目がほとんど目立たないくらいピッタリと仕上がったではないか。

水野「まあ、大部分は柄が合ってないんですけど」

中山「いいんです！　そこは最初から捨ててたから！」

阪口「確かに難易度は高そうだな」

中山「『最善ではなくて次善を選ぶ』。これもDIYの極意のひとつですな。えっへん」

インチキ臭い格言が飛び出したところで、壁紙貼りは無事に完了した。

今回の「やっちまった!」

家主がセンス全開で選んだシャレオツ壁紙が大不評

イイ歳のオッサンが花柄を選ぶのはオカシイらしい……

壁紙が余ったので、キャスター付き本棚の背部にも貼ってみた

なんとなくひしゃげたようにも見えるんだが……ま、棚の背部だから、いいか

失敗した部分を指さして詫びを入れる担当・水野

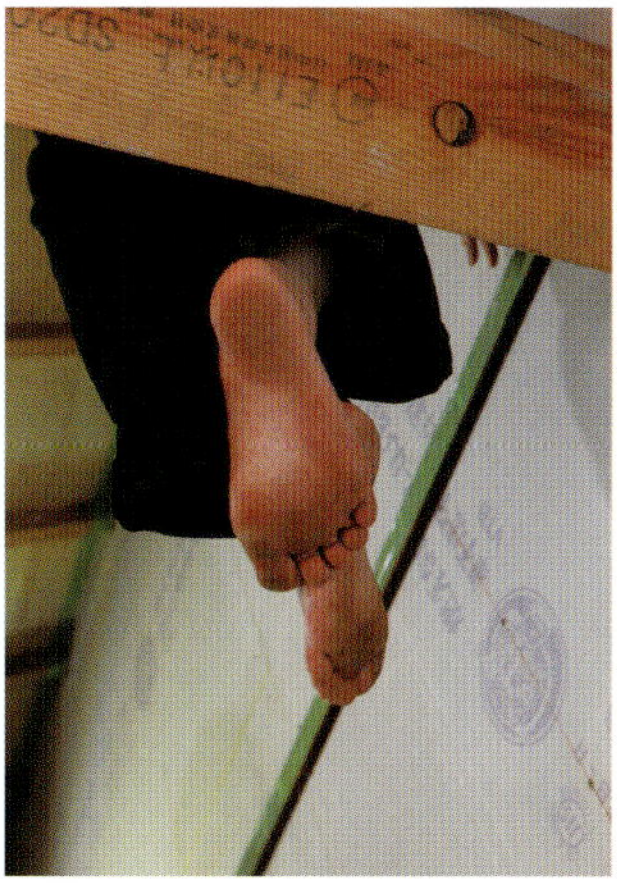

利川さんの足の裏がキタナイのを激写。よく見ると床一面にホコリが堆積していた

今回かかったお金

壁紙43メートル	2万5500円
壁紙用具	850円
巾木用野縁材	980円
落下防止柵用ヒノキ×2	760円
手すり、タモ材、受け金物など	6200円
屋内木部ステイン×2	6560円
小計	**4万0850円**
前回までにかかったお金	71万6120円
残金	**−25万6970円**

process
14

作り付け棚を作る

意外と面倒なのが収納スペースの制作。しかしせっかくのセルフビルド。ここは作り付けの大きな本棚にチャレンジだ！

作り付け本棚が完成。想定外だったのは、一瞬で本棚が埋まってしまったこと。本棚とは常にスペースが足りない宿命にある

セルフビルドで常に後回しにされるのが収納スペースだろう。

押し入れや納戸を作るのは、はっきりいって面倒くさい。とはいえ、大型の収納スペースはやはりほしいところだ。そこでアネックスでも、大きく3カ所に作り付けの棚を取り付けることにした。

ひとつはロフト。もうひとつは書斎スペースの本棚。最後に出入り口付近の大型収納棚である。

まずはロフトの棚。

衣類はすべてロフトに収納することに決めていたので、市販の収納ボックスのサイズに合わせた棚を2段、設置することにした。棚板は破風材2枚をくっつけて、奥行き30センチとした。

さて、ここで中山のコダワリが再び炸裂した。

中山「じゃじゃーん。棚板は壁に埋めこむ！　棚受けが見えると見苦しいので、壁の施工の段階で棚板を取り付けた

ロフトの棚をつくる

ほら！　棚受けが見えない！　でも誰も感心してくれない……。
ちなみにロフト高はギリギリで、よく頭をぶつける

実は石膏ボード施工の段階で、このように
棚受けを埋め込んでおいたのだ

従って仕上がり時には棚受けが見えないという
手の込んだ施工なのである

のだよ」

阪口「棚受けがあるとダメなのか？」

中山「棚受けがないと見た目スッキリ。しかも、ひと手間かけてる感があるじゃないですか」

阪口「ぜんぜん気にならないんだけど」

水野「あたしも気にならない」

中山「……まあホラ、見解の相違ってことで」

ほとんど評価されることなくスルーされてしまった。

壁を全面本棚に

次はロフト下、書斎スペースの作り付け本棚である。向かって正面と左側を全面本棚にしてしまう計画だ。

阪口「あれ？　本棚用に根太を増設してなかったっけ？」

中山「ああ。あれね。計画変更したの」

水野「計画変更っていうか、気まぐれっていうか」

中山「常に計画を変更できる。予定は未定。これぞセルフビルドの醍醐味ですよ」

水野「ものはいいようっていうか」

ともあれ作戦変更した本棚の制作に入ろう。棚材は同じく破風材である。これを、だいたい新書が収納できるくら

壁二面を占める作り付けの本棚制作

支えになる側板だけ上下でビス留めしてあり、それ以外は自重で支えるという設計

まずは材料の準備。杉の破風板に塗装する

塗料が乾いてなかったみたいで1度に6枚がくっついてきたという写真

棚板、側板、棚受けと、それぞれ規定の長さに切りそろえる

●中山式本棚の仕組み

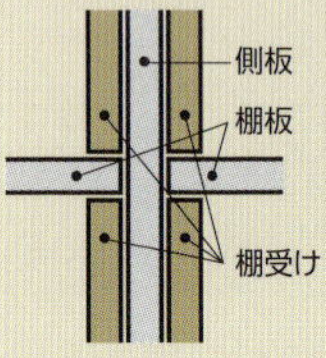

側板を棚受材でサンドイッチして棚板に載せる。これを重ねていくだけ。すべて同じ破風材なので、加工も簡単だ

いの長さに切り揃えてサンダーをかけ、塗装する。あとは組み上げていくだけである。

ここで今回、2回目の中山のコダワリである。

中山「じゃじゃーん。棚板はビス留めナシで組み上げる！」

図のように、支えになる側板だけをビス留めして、棚板自体は載せるだけ。あとは本の自重で安定するわけだ。

中山「これなら設置も簡単。撤去も簡単。まさに理想の本棚ではありませんか。えっへん！」

水野「でも地震が来たら棚板ごと飛び出しそうだけど……」

収納庫にはスライド蝶番を導入

最後に大型収納棚である。

ここには灯油ストーブ、靴、医薬品など雑多なものを収納する予定である。従ってタテヨコ、奥行きも広めにとった。背部と左側面は壁、右側面は余っていた間柱と構造用合板を適当に切り張りして作成した。今回は極力、寸法に正確を期して、扉板はホームセンターで切り出してもらうことにした。

中山「ホームセンターのマシンカットは多少お金はかかるけど、ミリ単位で完璧に切ってくれるから利用価値大です

棚板の間隔は、本の重量を考慮して600ミリ程度とした

よ。長い距離を断裁する場合はとくにオトク」
阪口「確かに卓上丸ノコでも刃の厚みレベルで微妙な誤差が出るからね」
さらに、ここで今回、3回目の中山のコダワリである。
中山「じゃじゃーん。スライド蝶番を使ってみた！」
スライド蝶番は、普通の蝶番と違って、微妙な誤差を調整してくれるのだ。前後、左右、上下のズレを数ミリ単位で矯正できるので、完成度の高い戸棚を作ることできる。
中山「経年による痩せや暴れも吸収してくれるからね。これは使えますよ」
阪口「最近の棚は、たいがいスライド蝶番使ってるよね」
水野「このネームプレート取っ手が中山さんらしくないセンスで、いいわね」
中山「この取っ手、ネットで一個500円くらいしたんだけ

LANケーブル入れるの忘れてた！

ああ、なんということか。LANケーブルを入れるの忘れてた！　テレビなんかより、よっぽど重要なインターネットが利用できないなんて……いや待て、「無線LAN」という手があるじゃないか。さっそく購入して配置してみるが、想像以上に電波が飛ばない。仕方ないのでウッドデッキの屋根近くにルーターを設置することに。今のところちゃんと稼働してるがいつ壊れることやら……。

大型収納庫をつくる

スライド蝶番のカップが入る大きさで座掘りする

スライド蝶番にも「インセット」「アウトセット」など、いくつか種類がある

棚の側板は余ってた野縁材とコンパネを組み合わせて作成。これに棚受けを3本入れた。一番上は踏み台がないと手が届かない高さ

一番下は灯油ストーブを収納するので、大きく開くように工夫した

これが高かったネームプレート取っ手……ま、いいけどさ

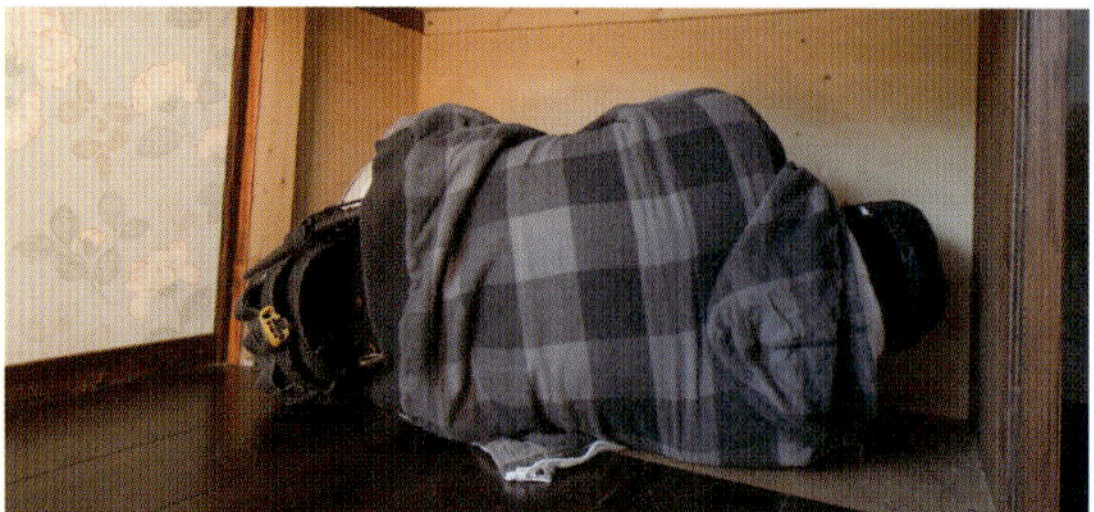

入れるものがないので自分で入ってみました（撮影＝大館洋志）

ど、あとで同じようなのが１００均で売っていて大ショックだったんですよ」

水野「まずは１００均をチェックするべし、ですね」

中山「あとね、苦労して作ったわりに、一番上の棚がカラッポなんですよね」

阪口「棚を作っても入れるモノがない！　これぞまさに無用の長物！」

今回の「やっちまった！」

ネットで見つけた500円の収納棚取っ手だが、同様のものを後に100均で発見

まずは100均をチェックすべし、だった……

無事に完成した大型収納棚。珍しく大きな失敗もなく完成（撮影＝大館洋志）

ペンダントライトを作ってみる

金魚鉢の底部をガラスドリルで穴を開け、照明用の配線を通して天井から吊せば、このように！

アネックスの照明はアンティーク調に仕上げたいので、ここはやはりペンダントライトを吊したいところ。しかしホンモノのランプシェードになると、数千円から数万円の高級品である。そこで当然のように自作を試みた。

買ってきたのはホームセンターで安売りしていた、ひとつ1000円の金魚鉢。これの底部に穴を開ける。どうやってガラスに穴を開けるのか？　世の中にはガラスドリルなるものが売っているのだ。これをドライバドリルに装着して、ひたすら回転させる。1時間くらい根気よくやってると、小指ほどの穴が開く。この穴に配線を通し、小型電球を装着。反対側に引っ掛けシーリングを取り付けてぶら下げれば……ホラ！　金魚鉢とは思えないシャレオツペンダントライトの完成だ！

水野「確かにシャレオツだけど、よく見ると金魚鉢！（笑）」

中山「でしょ？　ちゃんとオチをつけるところが人力社なのですよ！」

今回かかったお金

破風材×20	3万5500円
扉、棚板用構造用合板など	1万0180円
スライド蝶番、キャッチ	7000円
ネームプレート取っ手	5700円
小計	**5万8380円**
前回までにかかったお金	75万6970円
残金	**−31万5350円**

process 15

階段を作る。飾り棚も作る

階段！ 階段！ 飾り棚！ そしてハンガーラック！
怒濤の勢いで制作に突入！ 果たしてすべてクリアなるのか!?

できるだけ場所を取らない階段を……と考えたらこんな形に。あ、もちろん予算も大事なんですけどね

基本的に余ってた材木の再利用で作った。この角材は梁に使ってたものらしい

階段の規格は建築基準法で決められている。

一般住宅の場合、蹴上げ（一段の高さ）は23チセン以下。踏面（ふみづら。足が乗る面）は奥行き15チセン以上だ。

大雑把にいって、蹴上げ、踏面ともに、だいたい20チセン前後にしておけば問題ないようだ。

アネックスの場合、なにしろ床面積が狭いので、できるだけ急角度（つまり蹴上げが高く、踏面が狭い）にした方が、場所をとらなくてありがたい。しかし一方で、あんまり急だと転げ落ちる危険も……そこで考えたのが、太めの角

ロフトへの階段作り①

角材に切り欠きを入れて「力げた」とする

踏み板もウッドデッキの端材を流用。室内用なので角をとり、念入りにサンダーをかけて塗装

踏板を仮置きしてみたところ。まあこんなもんかな

●階段の「蹴上げ」と「踏面」

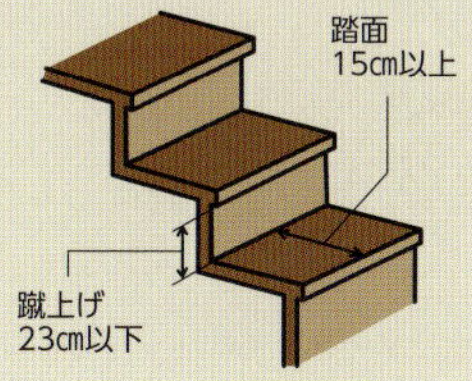

蹴上げの高さと踏面の幅は建築基準法で規定されている

材に切り欠きを入れて、これに踏み板をボルトで固定するというもの。一般的には「力げた階段」というらしい。これなら余計な幅をとらなくてすみそうだ。

阪口「踏み板の幅が短くね？」

中山「あ、これね。ウッドデッキの端材を流用したもんで、この幅になっちゃったわけ」

阪口「ＤＩＹは自由度が高いとはいいつも安く上げようとすると、実にさまざまな制約が出てくるわけですなあ（泣）」

限られた条件での階段作り

とりあえず「力げた」を仮置きしてみる。邪魔にならない範囲で、上り下りに支障がないと思われる程度の角度で計測してみると65度である。この角度で「力げた」に切り欠きを入れて踏み板を載せる。すると……。

阪口「踏面の奥行き、狭くね？」

中山「だから！　ウッドデッキの端材だから仕方ないの！」

そうはいっても、見た感じは悪くない。塗装の塗り分けもバッチリだ。自信が持てたので、それぞれ十字レンチでボルト締めしていく。そしたら1カ所だけ、ホゾ穴にかか

小屋作りの基礎知識
階段の計算式▶蹴上げと踏面の組み合わせで全体の角度は決まるが、「登りやすい階段の計算式」というのがあり、「蹴上げ高さ×2＋踏面＝65～61」というのがそれ

ロフトへの階段作り②

もちろん木工ボンドをたっぷり塗りつけた

コーチボルトで留めてみた。そしたら簡単に抜けてしまった！ よく見ると短すぎじゃないか。ということで長いのを買い直して、十字レンチでギッチリ締め付ける

1カ所だけ欠けちゃった部分があり、木工ボンドで補修。廃材ならではの手間だ

手すりを取り付けたら、スイッチにもろに被ってしまった……

る切り欠きが！　これではボルト締めできないではないか……仕方ないので、ここだけ木工ボンド&ビス留めで済ませることにした。

ともあれ、苦労した甲斐があって、想像以上にシャレオツな階段が完成したのであった。

飾り棚を作る

次はアンティーク調飾り棚&壁掛けハンガーフックの作成だ。

わが家には世界各地で買ってきた民芸品がたくさんあるので、これをキレイに陳列したいと、前から思っていたのだ。そこで窓と壁の間に飾り棚を設置することにした。母屋から出てきた古材（おそらくケヤキ）と、かなり前に買ったウリン材（南洋材の一種）を組み合わせた。丸ノコで溝を穿ち、棚板にするウリン材を差し込んでビス留め

ロフトからロフト2への階段作り

必要上、中2階ロフトから中3階ロフトに上がる階段を先に作った

両側の「けた」に切り欠きを入れて踏み板を差し込む

もっとも一般的な「側げた階段」。左の「けた」の外側に、階段と同じ切り欠きが入っているのは、右の「けた」を二つ作ってしまったことによる……

するんだが……これがホントに堅い。下穴ドリルが折れるわ、ビスが途中でねじ切れるわで、散々である。ウリン材は別名「アイアンウッド」と呼ばれるくらい堅いのだ。

どうにか組み立て終えて、全体にマホガニー色に塗装して完成である。これを壁に据え付けてみる……。

中山「おお！ 想像通りのシャレオツ飾り棚ができたぞ！」

阪口「ネパール土産の短刀ククリが粋だね！」

アンティーク調ハンガーフックを作る

気をよくしたところで、やはり余ってた南洋材を流用した「壁掛けハンガーフック」の作成だ。ここで活躍したのが、初登場の「ルーター」である。ルーターは回転する刃で溝を穿つほか、エッジの加工もできる便利な工作機械で、かつての「ミゾ切りカッター」に完全に取って代わった感がある。ルーターのビットには、「ギンナン」「ヒョウタン」など面白いのがたくさんある。これらを使えば、いわゆる英国風のアンティークな意匠が、思いのままに再現できるのである。

では試しに「ヒョウタン」ビットを取り付けて板材のエッジを加工をしてみよう。

小屋作りの基礎知識　側げた階段（がわげたかいだん）▶踏み板の面端を「側げた」で支えるタイプの階段。最も一般的

飾り棚とハンガーフック作り

今回初登場のルーター。中古なので付属の定規がついてない……

塗装してフックを取り付ける。なんとなく英国風って感じに仕上がったぞ

縁の下から引っ張り出してきたホコリだらけのケヤキ板を、キレイに洗浄して塗装。規定の大きさに揃えて切り欠きを入れ、棚板を差し込んでいく

ルーターを使用する際に重要になるのがガイドだ。ビットの刃幅に合わせてガイドになる端材を板材に仮留めして、ルーターでエッジを削り取っていく。思ったほどの負荷がないのはビットが新品だからか? なんとか無事に切削作業を終えてみると……見よ、アンティーク調の意匠がバッチリ再現されているではないか! これにニス塗りして、同じく鉄製のフック(↑今度は100均で調達)を取り付けてみる。その辺のアンティークショップで4、5千円はしそうな壁掛けハンガーフックの完成だ!

阪口「いいねえ! うちでも使わせてもらおっと」

さらに調子に乗って、飾り棚も作ってみた。同じくルーターでエッジを加工して、棚受けを取り付ける。壁に設置して鏡をかけてみると……映画『タイタニック』にでも出てきそうな仕上がりじゃないか。

中山「どうだね、キミたち! これまでの人力社のイメージを覆す完成度の高さじゃないか! わっはっは!」

阪口「苦節7年。よくぞここまで腕が上がったなあ(泣)」

水野「昔の汚部屋に比べたらずいぶんマシよね。まあ、たまには調子に乗せておいてあげましょう」

今回の「やっちまった!」

今回は珍しくやらかさなかった!

階段、飾り棚ともに完成度高し!

作り付けの飾り棚には外国アレコレを収納。鏡下の飾り棚はちょっとしたモノ置きに便利だ

今回かかったお金

階段用ツーバイ材	2800円
壁掛け用ウリン材	1620円
壁掛け金物、フック、棚受けなど	3600円
手すり用タモ材、金物など	6200円
ニス	1200円
小計	**1万5420円**
前回までにかかったお金	81万5350円
残金	**−33万0770円**

南洋材の端材を適当に組み合わせて作成。ツマミは、スペアキーをまとめてぶら下げるため

ついに引っ越した!

2014年7月吉日。ついにアネックスに引っ越した。

母屋から、すべての私物を運び出し、大量の資料本を本棚に並べる。仕事机は、前に使っていたカラーパネルを横にしてスチールラックに載せたもの。収納棚に海外取材用のカバンやキャンプ用具などを収める。衣類はすべてロフトへ。そして、ここで問題発生。この日のために購入した長椅子が、ドアから入らないのだ。仕方なく窓サッシを外して搬入。

すべてが片付いたところで座ってみた……。ゆったりとした気分で、いまだ木の香りがする室内(実はヒノキオール配合の塗料のせいである)をぐるりと見渡す。花柄の壁紙は、確かにハデだったかな。ていうか、あそこ、少し剥がれかけてるな……あ! 手すりと階段が平行じゃない! ……早くもアラが見えてきてしまった(泣)。

COLUMN

駐車場の修理

2015年の大雪はすごかった。地元のおばあちゃんも「50年に一度だあよ」とのことで、積雪量は1㍍に達した。ウチのボロ駐車場の屋根も雪の重みで見事に倒壊。その後、半年以上もホッタラカシにしていたんだが、一念発起して今回、修理することにした。

とはいっても、もともと単管パイプの仮設屋根なので、修理は簡単だ。歪んだ単管パイプを交換して、新たに支材を増設して補強した。単管パイプは、アネックスの足場用に阪口から譲り受けたものを流用したので、追加支出はゼロである。

中山「でもパイプの長さが足りなくて、途中で継いだら、なんか垂れてきちゃって……」

水野「すでに曲がってるって、大丈夫なの!?」

中山「まあホラ、50年に1回だからさ」

大雪のために完全に倒壊した駐車場

ある日、一念発起して改修工事をすることに

春になるとこうなっていた。絶望のため倒れこむ中山

新しく単管を渡して、いろいろと補強を試みる

単管パイプがこの状態。雪の重さを思い知る

3カ所にホウヅエを入れてみた。天井左側がすでに垂れてきているのが気になるところ

エクステリア編

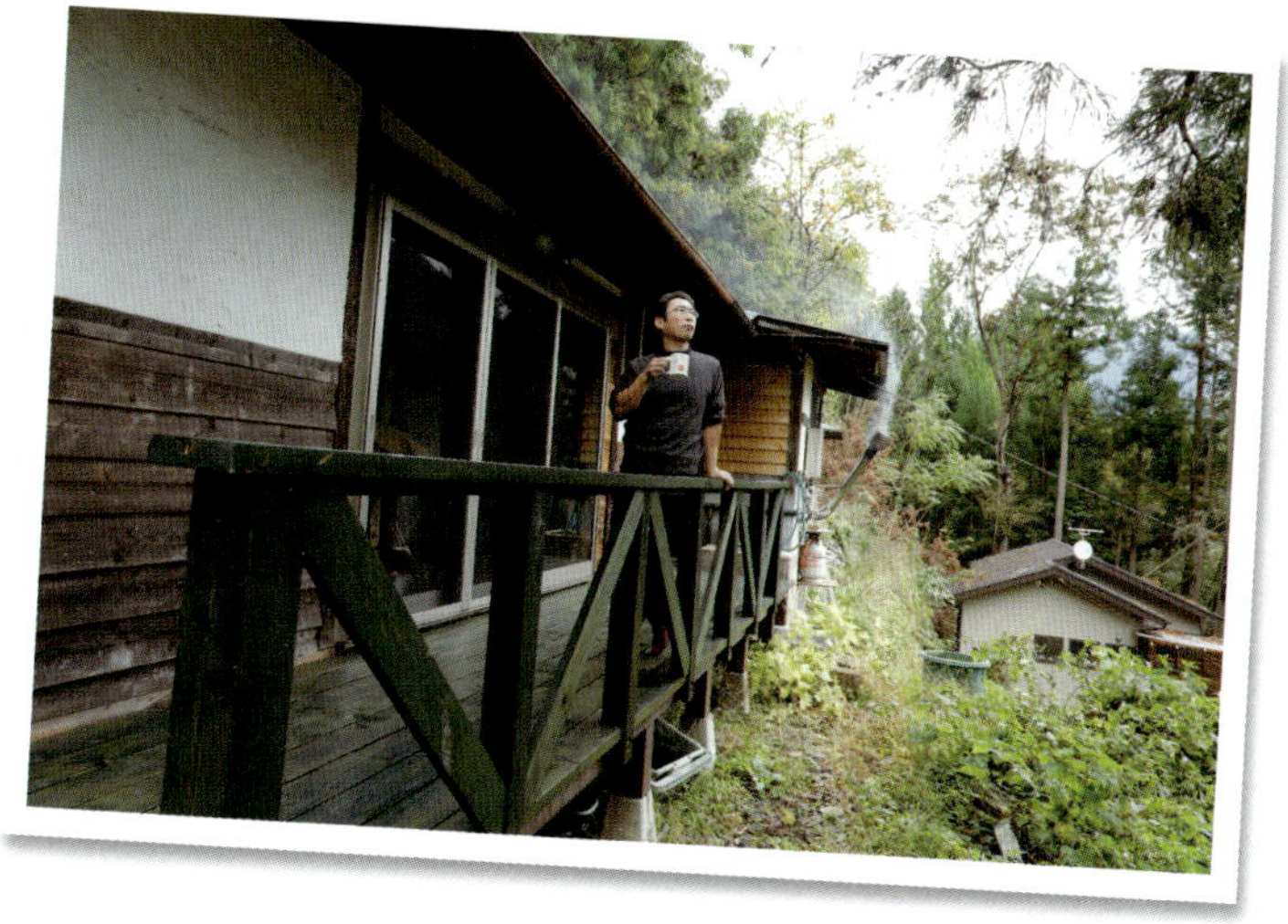

完成したウッドデッキでさっそくコーヒーを一杯

2章

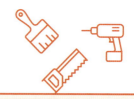

エクステリアを整備する

今回からはエクステリアの施工に突入！　まずは雨が降ると泥だらけになるむき出しの地面に、コンクリートを打って整備する！　しかし、ここでもいつもの無計画さがアダとなり……

コンクリート打ちに際して平地を確保

杉の木も土留めに利用しつつ石垣を積んでみた。同時に母屋の雨どいも埋設

杉の根っこをぶった切ってしまったんですが、大丈夫なんでしょうか……

またしても石を運ぶ。今回は一人作業だが、量が少ないのでなんとかなった

内装工事が一段落したところで、今回からはエクステリアの整備に入ろう。

アネックス周辺は盛り土した地面がむき出しで、雨が降るとドロドロ。靴もドロドロ。従ってウッドデッキもドロドロ。そのうち母家の中までドロドロに……。さすがになんとかしなければ。ということで、コンクリを打っちゃうことにしたんだが、ここでフト立ち止まる。

せっかく切り土&盛り土したんだから、少しでも平たい土地を広げておきたい。一度コンクリを打ってしまったら拡張は難しい。やるなら今でしょ!?（↑古いでしょ！）

そこでアネックス左手の、杉の木との間の傾斜地を掘削することにした。

今回、助っ人は来援せず。ひとり作業で挑むことに……剣先スコップで地面を崩し、ネコ車に満載してひたすら運び出した。

阪口「残土はどこへ？」

アネックスの切り土で余った残土はけっこうな量になった

「手箕(てみ)」で少しずつ運び上げる。これも一人作業

石垣の高さは80㌢程度。現在はミツバ、ミョウガ、パセリなどが植わっている

中山「とりあえず未整備のウッドデッキの隅っこに捨てた」
水野「えー!? あとで困るんじゃないの?」
中山「だって他に捨てる所ないんだもん」
阪口「相変わらずの無計画……」

平地はできたものの……

丸2日かかって、ようやくタタミ2畳分の平地が仕上がった。
阪口「『一日一善』ならぬ『一日一畳』ですか」
中山「労多くして幸少ないよ、山暮らしってのは」

次の作業は土留めである。掘削した法面に石垣を積み上げるのだ。また砂防ダムから石を積んで運びこむ……と、ここまで作業したところで、残土の処理方法を思いついた。この石垣を、もう少し高くすれば、残土がすべて処理できるではないか! ついでに3畳くらいの平地も確保できるので、家庭菜園でも始められそうだ。これは妙案を思いついたぞ! しかし肝心の残土はというと、すでにウッドデッキの隅っこに山のように積んである……こうして、つい先日、必死に運んだ残土を、元の場所から1㍍も離れてない場所に再び運び戻すことになったのであった。

むき出しの地面にコンクリートを打つ

余分な鉄筋メッシュはグラインダでカットしていく

メッシュ同士は番線で緊結する。「シノ」があると便利だ

ホントはサイコロスペーサーがあるとラクなんだが、ケチって石ころで代用

木枠を巡らして、全体に鉄筋メッシュを敷く

水野「この無計画さ……さすがです」

阪口「手伝いに行かなくてよかったよ。絶対暴れてたと思うから」

水野「ところで途中で切断してある杉の根っこは、なに？」

中山「ああ、これね。邪魔だから切っちゃった」

阪口・水野「ええーっ!?」

中山「まあホラ、杉は『深根性(根が地中深く伸びる性質)』っていうからね」

阪口「それ、最初から知ってたの？」

中山「……もちろんだとも！（汗）」（↑実は後付け知識）

鬼門の「乱張り」仕上げ

平地が確保できたら、さっそくコンクリ打ちに入ろう。コンクリートを敷き詰める周囲に簡単な型枠を作り、全体に鉄筋メッシュを敷き詰める。そこから先は、ひたすらコンクリ練りである。

今回はセメント撹拌用の樽を新調。ドリルの先にミキサーを装着すれば、簡易的な生コン製造器となるのだ。おかげで作業は順調に進み、セメント8袋ぶんのコンクリで全体に敷き延べることができた。

小屋作りの基礎知識　シノ▶シノは牛の角みたいな形をした道具で、反対側がラチェットレンチになっている

前回の乱張りは、このように悲惨な仕上がりになってしまったのであった……

ミキサー導入でコンクリ練りも楽ちんだが、もとはドリルなのでモーターの焼き切れが心配……

コンクリを流し込んで均していく。雨水が流れやすいように、谷側へ少しだけ水勾配を付けた。コンクリ厚は5センチ程度にしてみた

阪口「仕上げはどうするの？」

中山「『乱張り』にします」

乱張りというのは、形が異なる石を、目地を均一に保ちながら張り合わせて仕上げること。今回は阪口の知人で、いつも資材提供いただいている秩父石材さんが、丸石を山ほど寄贈してくださった。これをモルタルで張り付けていくのだ。乱張りといえば、以前の作業で大失敗したことがあり、人力社にとっては鬼門中の鬼門である。

中山「なので、一番目立たない畑側から張っていくことに

コンクリート打ちの仕上げは「乱張り」で

さまざまな大きさの石をメリハリつけて並べていくのが、乱張りのコツ

しようかな」（↑弱気）。

それぞれ形の違う石を組み合わせて、目地が均一になるように載せていく。石の厚みは、ほぼ同じなので、大きさに合わせてモルタルの量を微調整すれば、目地の厚みが均一になることがわかってきた。石の組み合わせはパズルのようで、なかなか楽しい作業である。

ところが。全体の90％が完成したところで、石が足りないことが判明した。解決策としては目地を広く取って石を節約するしかないんだが、さらに悪いことに、残ってる石がどれも似たような大きさで、バラエティに乏しいのである。乱張りの極意は大小の石をテンポよく組み合わせて変化を持たせること。結果的に同じような大きさの石が、やけに間延びした目地の間に並ぶことになり……。

中山「一番目立つ部分が一番ダサい仕上がりになっちゃったよ。トホホ……」

水野「慎重さが裏目に出ちゃったのね。トホホ……」

今回の「やっちまった!」
無計画な残土処理で究極の二度手間!

最初から計画すれば、一度ですんだのに……

いただいた大量の丸石。大小、形もさまざまだ

コンクリ下地が平らに仕上がっているので、思ったほど難しくなかった

モルタルが接着しやすいように、下地を水で湿らせる

今回かかったお金

セメント×18袋	6300円
砂×66袋	1万1700円
砂利×105袋	1万8470円
鉄筋メッシュ×5	2000円
コンクリ撹拌用樽	2780円
コンクリミキサー	980円
小計	**4万2230円**
前回までにかかったお金	83万0770円
残金	**−37万3000円**

畳の呪い

母屋の畳を新調したので、古畳を敷地に捨てておいた。いずれ土に還るだろうと思ってたら5年経ってもまだ腐らない。アネックスの建築工事で邪魔になり、どかそうと思ったら、水を含んで異常に重たい……これはもう古畳の呪いだ。

process
17

東屋を作る1
まずは基礎工事だ

ウッドデッキの拡張にあたって打ち出した新機軸は、なんと東屋の建築。そのために行った基礎工事で、まさかまさかの大トラブル発生！

コンクリ打ちに引き続いてウッドデッキの拡張工事に取りかかるが、ひとつ問題があった。

今回、平地を造成するのに、二年前に盛り土した部分をチェックしたら、ベタ基礎と地面の間に5㌢くらいの隙間ができていた。つまり基礎コンクリを打ってから1年ちょっとで、5㌢も地盤沈下してしまったのだ。

なので、せめてもう1年くらいは待ちたかったんだが、

全体にメッシュを敷いた状態。中央の型枠が、一本柱の立ち上がり基礎となる。ちゃんと照明用の配電（オレンジのチューブ）もしているのだ

そんな悠長なこともいってられない……まあ、ベタ基礎を厚めに打てばいいか。というわけで作業を強行することにした。

水野「えー！　大丈夫なの？」

中山「仕方ないだろ。人力山荘は、なにか作り続けないといけない運命にあるのだよ」

阪口「『ウインチェスター銃の呪いの家』みたいだな（※）」

せっかくの盛り土が……

まずGL（グラウンドレベル＝地面）までの高さを計算してみる。既設のウッドデッキと、天端が同じ高さにならないといけないので、ウッドデッキの天端から逆算して、必要なGLまでの距離を計算してみたわけだ（図）。そしたら地面が高すぎた……。

水野「それって盛り土しすぎってこと!?（笑）」

中山「はい。仕方ないので、盛り土した土を運び出しました」

※ウインチェスター銃の呪いの家▶カリフォルニア州サンノゼにある、ナゾの建て増しを続けた大豪邸。創業家が呪われていると信じた未亡人が、祟りから逃れるために38年にわたって増改築を続けた。ウインチェスター銃は南北戦争で大量生産された名銃

メッシュを敷いて型枠を作る

2000円で購入した鉄筋ベンダープレートで鉄筋を曲げてみた。安いわりになかなか使える

立ち上がり基礎の作成。鉄筋を組んでメッシュと緊結し、型枠をはめ込む

こんなにコンクリ練るなら、ミキサー買ってもいいかも。ちなみに新品で2万円くらい

●地盤のずれ

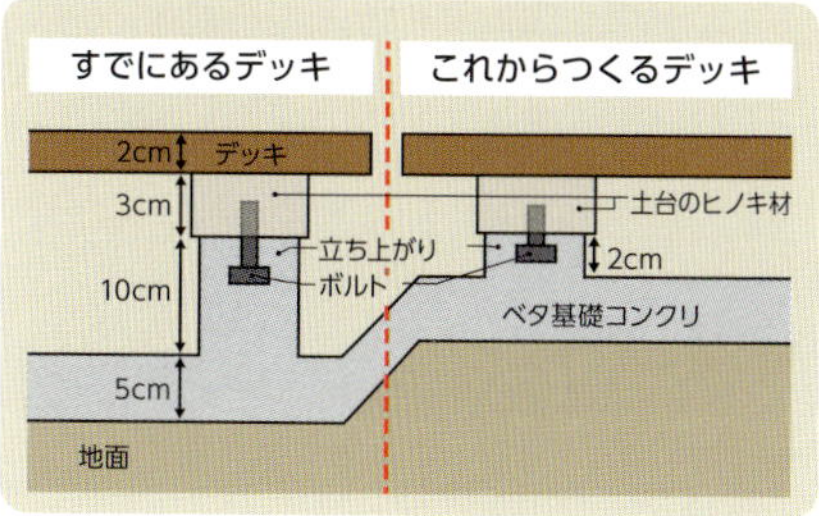

阪口「また運び出したんだ……」

これで合計、三度手間である。

さらに苦難は続く。

盛り土を削りはしたものの、それでもGLとウッドデッキ天端の距離が近すぎる。デッキ材の厚み、土台の厚み、さらにベタ基礎の厚みを考慮すると、基礎の立ち上がりは……。

中山「一番短いところで2㌢」

阪口「立ち上がってないじゃん!」

中山「もう1年待てば、ちょうどいいGLになるんだがなあ。ま、いいか」

一同「いいのか?」

なし崩しに作業は始まった。

新基軸は東屋

前回と同じようにメッシュを広げて結束し、端材を組み合わせて簡単な型枠を作る。地盤沈下を考えると、基礎コンクリの厚みは5㌢はほしいところだ。となるとセメント8袋分は必要だ。助っ人さん二人と脳みそをカラッポにして、「人間コンクリ製造機」となること丸2日。混ぜては流

コンクリートを流しこんで基礎工事

全体に打ち終えた。どうせ隠れるから
仕上がりが汚くてもかまわないのだ

こちらも5センチ厚で打っていく。
水準器で水勾配を見つつ作業

し込み、混ぜては流し込み……ようやく基礎コンクリが仕上がった。

さて、ここで今回の新機軸である。

中山「じゃじゃーん！『東屋』を作る！」

今回、制作する拡張ウッドデッキは見晴らしがよいので、東屋を作れば絶好のビューポイントになると考えたのだ。

中山「オレは勝手に『ネスカフェ・ポイント』って呼んでるんだけどね」

阪口「『違いがわかる男』ってやつですか（失笑）」

中山「CMで使ってくれないかなあ」

阪口「それよりも気になるのは東屋なんだけど」

中山「そう。今回は初の『方形屋根』にトライしてみようと思うのだよ」

水野「お寺の鐘堂でよく見かける屋根ですね」

屋根の形状としては「片流れ」「切り妻」あたりが一番施工が簡単で、次に「寄せ棟」「入母屋」と難易度が上がっていく。方形屋根は寄せ棟に近いレベルだ。

しかも今回は柱が1本だけ。つまり傘のような仕上がりになるわけだ。

これは難易度が高そうだ。

●屋根の形状

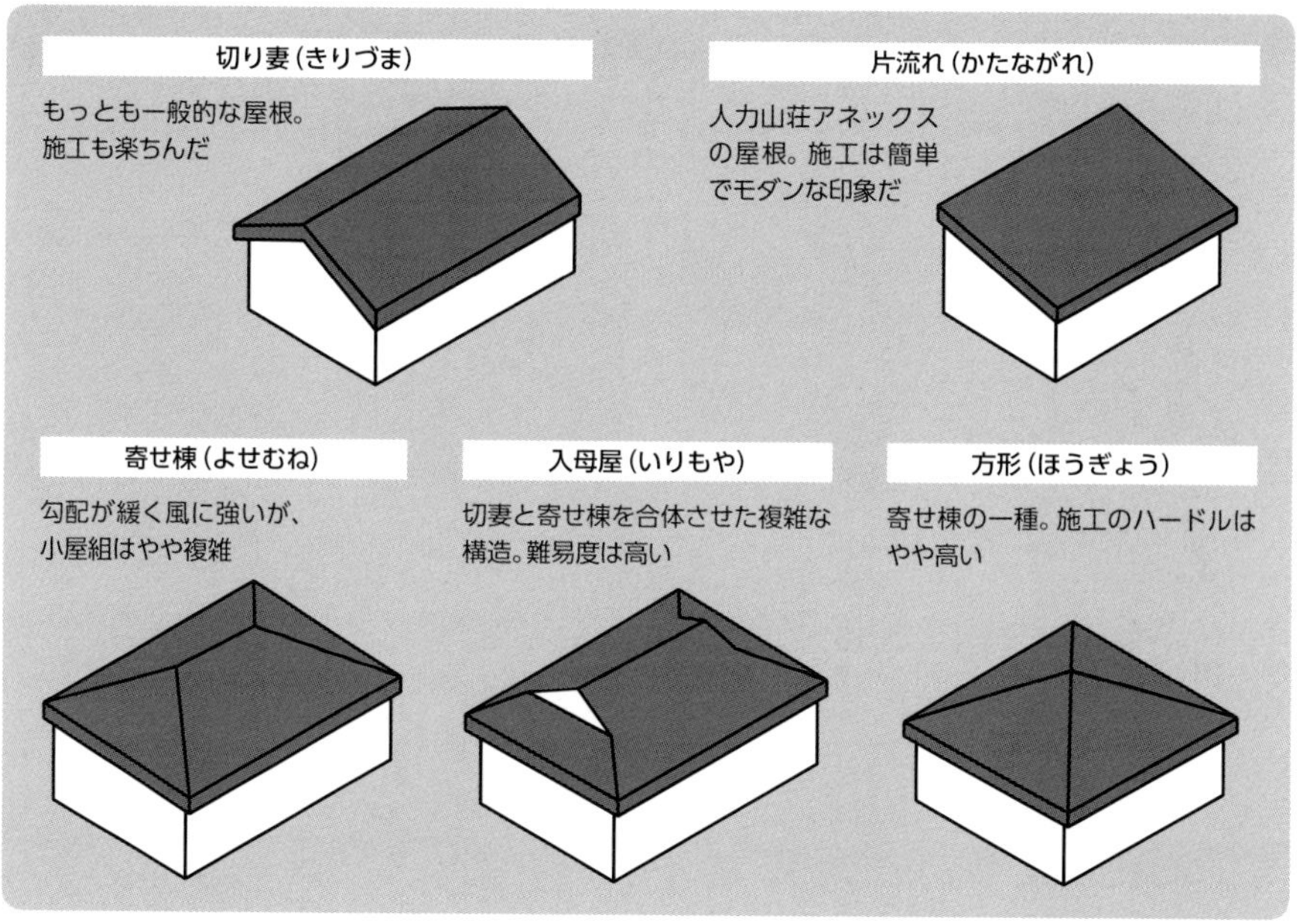
切り妻（きりづま）
もっとも一般的な屋根。施工も楽ちんだ
片流れ（かたながれ）
人力山荘アネックスの屋根。施工は簡単でモダンな印象だ
寄せ棟（よせむね）
勾配が緩く風に強いが、小屋組はやや複雑
入母屋（いりもや）
切妻と寄せ棟を合体させた複雑な構造。難易度は高い
方形（ほうぎょう）
寄せ棟の一種。施工のハードルはやや高い

工夫したつもりの基礎が……

まずは基礎工事から。ベタ基礎を打つときに、中央部分に柱の基礎になるコンクリートの立ち上がりを作っておいた。アネックスの独立基礎で使った型枠を流用した45㌢四方の立方体である。内部にも鉄筋を組んであるから、これは頑丈である。

ここで気を遣うべきは柱である。なにしろ1本で全体を支えないといけないので、それなりの強度が必要だ。そこで柱をコンクリ基礎の立ち上がりに埋め込むように工夫した。

まず柱材3㍍の不要部分を切断して、これを型枠材とする。この型枠材を穴の深さ150㍉ぶん、コンクリに埋め込めばいいわけだ。

あとで抜きやすいように、型枠材はレジ袋で包んでおく。最後に型枠の周囲に、これでもかと羽子板金物を差し込んだ。これだけやっとけば大丈夫だろ。コンクリが硬化したところで型枠を引き抜き、同じ150㍉径の柱材を差し込めばバッチリである。

数日後……。

小屋作りの基礎知識　**羽子板金物**▶もっとも一般的な引き寄せ金物。構造材同士を緊結するのに使う。ホームセンターで手に入る

柱を埋め込むための穴をつくっておいたところ……

立ち上がり基礎にもコンクリを充填。鉄筋の切れっ端でつついて均す

途中まで流し込んだところで、ダミーの型枠材を突っ込んでみた

さらにコンクリを充填。羽子板金物をこれでもかと差し込む

数日後には、このようにキレイな立ち上がり基礎ができていたんだが……

なんと！　抜けないのである!!!

最後の手段は「型枠」粉砕！

丸ノコで目一杯切れ込みを入れたところ

次に手持ちで一番デカイドリルで穴を開けまくる

徐々に粉々になっていき……

ついにえぐり取ることに成功したのであった。この徒労感ハンパない……

コンクリが十分固まったところで、型枠材を抜いて……あれ？　あれれ？　抜けないぞ！　ガチガチに固まってしまって型枠材が抜けない！

レジ袋に包んでおけば、型枠材とコンクリが密着しないので、スルリと引き抜けるはずだったのに、カチンカチンに固まったコンクリに完全に密閉されてしまっている。もはや引き抜くことは不可能だ。

中山「どど……どうしよう（汗）」

阪口「継いだら？（笑）」

中山「ムリムリ！　今から追い掛け大栓継ぎなんて、絶対無理！」

なにかリカバリーする方法はないものか。悩みに悩んだ末の結論は……。

粉砕しかない！

中山「型枠を粉砕するしかない！」

取り出してきたのは丸ノコと電動ドリル、そして手ノミである。これらで5寸径の角材を粉々に破壊するのだ！

まずは丸ノコで切れるギリギリまで切断し（危ないので真似しないください）、次に一番径の大きいドリルでガン

粉砕の過程では、クランプがひとつブチ折れ、座堀ドリルが根元からブチ折れた。目的外の使用は危ないので止めましょう（汗）

そして一本柱が立ち上がった……！（感涙）　こう見ると記念塔のようだ

ガン穴を開けていく。木っ端を手ノミで掻き出す。無益な作業を数時間続けて、ようやく角材が半分に減った。もうヘトヘトである。

中山「しかも手ノミやドリルって、コンクリに当たると一気に切れが悪くなるんだよね。もう大散財だよ……」

まだしも幸いだったのは、レジ袋で包んでおいたことだ。これはやはり有効だったようで、コンクリと木材が接着されておらず、作業がかなりラクだった。

さらに悪戦苦闘すること数時間……ついに型枠材の撤去に成功したときには、頭の中で某有名ＲＰＧのファンファーレが鳴り響いていた。

中山「あとで知った情報によると、型枠には発泡スチロールを使って、バーナーで溶かしちゃうのが一番手っ取り早いそうです」

水野「事前の情報収集が、いかに大切かを物語ってますね」

こうして、どうにかこうにか東屋の基礎コンクリができあがった。

次は柱を立ち上げ、梁を組んでいくんだが……しかしこのあと発生した「大事件」のせいで、文字通り「すべがパー」になってしまったのである。

今回の「やっちまった!」

型枠材が抜けなくなるという悲劇!

地獄のような苦労をして型枠材を粉砕した……

柱の切り欠きに、間柱を流用した梁を組んでみた

「十字」に組んだところ。柱のてっぺんには一応、垂木掘りを入れた

1カ所だけどうしてもはまらない! 仕方ないので、ナナメに切り欠きを追加する

中山「もうダメだと思ったね」
阪口「現場を見て言葉を失いましたよ」
水野「ホントに冗談抜きで、シャレにならない事件です」

人力山荘にいったい、なにが起こったのか??

今回かかったお金

鉄筋メッシュ×4、鉄筋	2000円
鉄筋ベンダー	2000円
※セメント、砂利、砂は前回分を流用	
小計	**4000円**
前回までにかかったお金	87万3000円
残金	**−37万7000円**

東屋を作る2

小屋組みが無事完成

東屋の基礎工事で難儀した前回。今回はいよいよ小屋組みだと思ったら、それを上回る、前代未聞、絶体絶命の大ピンチが発生！

軒桁兼鼻隠しを取り付けたところ（撮影＝大館洋志）

さっそく東屋の建前に入ろう。

まずは柱と十字に交差する梁を渡してみる。

これはなかなか悩ましいところだ。問題は柱と梁が交差する部分を、どうやってキレイに納めるかである。そこで考えたのが、間柱材を井桁に組んでサンドイッチにするという方法。これなら軽量化も図れるが、若干弱いかな……と思ったら案の定、ホゾを欠いた部分が自重で折れてしまいそうだ。不安ながらもボルトで固定して「ホウヅエ」で支えてみる……おや？ 意外と丈夫だ。これなら行けそうだぞ。

次に「合掌」と呼ばれる材を、柱から四方の梁の先端に渡してボルトで固定。これでさらに強度が上がった。

次に梁と梁を「軒桁兼鼻隠し」で固定する。「鼻隠し」は垂木の先端を隠す化粧的な意味あいが強いが、「軒桁」を兼用するので、3㌢厚の間柱材を流用して強度を出した。これで屋根の外周が完成した。この「軒桁兼鼻隠し」に「妻合

小屋作りの基礎知識

軒桁（のきげた）▶桁は棟木と平行に組む材だが、その中でも一番端で屋根を支える桁のこと

柱はコーチボルトでガッチリ締める。
締めすぎるとバカになるので注意（撮影＝大館洋志）

柚子のトゲが引っかかって痛い……（撮影＝大館洋志）

「ホウヅエ」は柱に「腰掛け」を切り欠いた上に、
コーチボルトでガッチリ締め込んだ

掌」と呼ばれる、やはり柱から渡しかける材をビス留め。これが同時に野地板を受ける垂木の代わりになる。

阪口「複雑な小屋組みですなあ。さすが寄せ棟は難度が高いね」

中山「角度が難しかったっす」

完成直後に大事件！

小屋組みを終えれば完成は近い。次の作業は屋根の下地板張りである。ホームセンターで買ってきた一番安い野地板に、ざっとサンダーをかけたものを切り張りしていく。全体に張り終えたら、アスファルトルーフィングを広げてタッカーで留める。さらに軒先に水切り金物を打ち、最後にアスファルトシングルを張れば完成だ。こうして東屋ができあがり、あとはコンクリの床面にウッドデッキを張れば見事、人力山荘アネックスの拡張工事が大団円……のはずであった。

しかし……。

2015年1月26日の夜。千葉県大多喜町の母親宅でテレビを視てたら、携帯が鳴った。奥多摩在住の友人エミケンさんからである。

小屋作りの基礎知識　ホウヅエ▶柱と梁桁の間に斜めに入れる補強材

梁の端部から柱のてっぺんに「合掌材」を渡す。意外と頑丈なのでホッとした

軒桁兼鼻隠しを取り付けたら、いよいよ天井板を張っていく

アスファルトルーフィングを張り始めたところ

脚立に乗っての作業。お隣さんの家がまだ健在なところにも注目

エミケン「あ、中山さん？　今どこですか？」
中山「え？　いま母親の家なんですけど、なにか？」
エミケン「なんか、お隣が火事らしいですよ」
中山「え？　えぇーっ!?」

隣家が火事ぃぃぃぃ！！？

エミケン「いま消防が消火してるらしいけど、詳しいことはわからないです」

頭の中は真っ白である。意味もなく部屋の中をウロウロ歩き回る。

どうしようどうしようどうしよう……そうだ。電話しよう。

しかし出火元だというお隣さんは、何度かけても話し中。もう片方のお隣さんも留守電。自治会長の携帯も通じない。他に集落で電話番号を知ってる人はいない。不安は募る一方だ。

困ったぞ。隣家はアネックスの直下に建っている。火が出たら燃え移るのは、まさに「火を見るより明らか」だ。

しかも集落までは細い山道をウネウネと登ってこないといけない。あのでかい消防車が登ってこられるのだろうか？？

さらにネガティブ思考は続く。

小屋作りの基礎知識　**合掌**▶屋根を直接支える梁、「登り梁」の一種

なんと！　隣家のもらい火で消失！
完成してから１カ月しか経ってなかったのに！

そして完成した東屋。2014年11月25日に竣工したのであったが……

アネックスに火が移ったら、間違いなく母屋に延焼する……そしたら、どうやって生活しよう？　そういえばパソコンと外付ＨＤは持参してるな。よかった。仕事に支障はなさそうだ。ていうか……。

これって、ネタになるかも？

……はっ！
なにを考えてるんだ、オレはぁぁぁ！
悶々とすること1時間あまり。再び携帯が鳴った。今度は知らない番号である。

警察「あ、中山さんですか？　こちら青梅警察署ですが」
うわあ！　来たあ！
警察「中山さんのお隣のＯさんのお宅が火事になりまして」
知ってます！
警察「Ｏさん宅は全焼しました」
ぜ、全焼ーーー？？（目の前真っ暗）
警察「それで先ほど無事に鎮火しまして、いま中山さんのお宅の被害状況を調べてるんですが、どうやら延焼は食い止めたみたいです」
……ヨカッタアアア（電話口でヘナヘナと崩れ落ちる）。

全焼したお隣さんの家と、現場検証をする地元の消防さん

真っ黒に炭化した木組みだが、焼け落ちなかったのは幸いだった

上から見たところ。ルーフィングは一部焼失したが、シングルは燃え残っていた。てっぺんが燃えてるのは、やはり熱がこもるからか

警察「でもね。ちょっと燃えちゃったらしいんですよ」

なんだよ「ちょっと」って！

警察「それとガラスが割れてるみたいです」

ま、まさか家の中、水浸し？　焼失しなくても水没してたら、二度と住めないじゃないか。

警察「いや、そこまではわかりませんが……そういうことで、明日、現場検証しますけど、中山さん、来られます？」

行くに決まってるだろ！

人力山荘への帰還

翌朝。高速を飛ばして午前10時過ぎに人力山荘に到着。すると……。

お隣さんは焼け野原。いままで建っていた家は跡形もなく、焦げくさい臭いが立ちこめている。

そして人力山荘は？　アネックスはどうなったのか？

おお。なんということか。無事だったのである。

熱でガラスが割れている以外は大丈夫。しかし屋内は？　水浸しだったらどうしよう。恐る恐る屋内を確認すると……無事だった。いつもと変わらない「ウチの匂い」がした。

ヨカッタ……。

その場にへたりそうになりながら外に出る。そこで目に飛び込んできたのは……真っ黒焦げになった、ほんのひと月前に完成したばかりの東屋であったとさ。

中山「あーあ、できたばっかりだったのに……」

阪口「いや、しかしよく見てみると、東屋が延焼を防いでくれたんじゃないの？」

水野「身代わりになってくれたわけね……合掌」

阪口「いっそのこと全焼してたら、あと3年くらい連載続いたかもね。『出直し！　人力山荘』とかいってさ」

水野「火災保険なんて、入ってないよね」

中山「入ってるわけないじゃないですか！」

今回の「やっちまった！」

ようやく小屋組みを終えた東屋が、まさかの延焼！

母屋が無事だっただけでも不幸中の幸いであった……

アネックスのペアガラスが、高熱により4枚のうち3枚が破損していた

消防さんがこじ開けたらしく、カギがぶっ壊れていた

雨どいも熱で変形。燃え移らなかったのは幸いだった……

今回かかったお金

間柱3メートル×5	3000円
梁用ツーバイ材×2	2500円
野地板×2坪	4320円
水切り金物×4	1200円
小計	**1万1020円**
前回までにかかったお金	87万7000円
残金	**−38万8020円**

小屋作りの基礎知識　**隣家の失火で火事になったら**▶「失火責任法」という明治時代の法律により、火元に重大な過失がない限り、損害賠償を請求することはできないそうだ

process 19

東屋を作る3 燃えてしまった東屋を再建！

せっかくできたばっかりだったのに、隣家の火災により黒焦げになってしまった東屋。へこたれることなく、さあ再建だ！

まずは被災した東屋の撤去から

解体撤去作業は、まさに煤との戦いであった。後ろの柿の木も一部が焦げている

担当・水野にも手伝ってもらって、解体はわりかしスムーズに進む

どうするんだ、これ？
……とりあえず途方に暮れてみる

というわけで、作業は燃えてしまった東屋の撤去から。阪口と水野も交えた三人で、屋根材のアスファルトシングルをこそぎ落とし、バールで野地板をひっぱがす。

阪口「それにしても、よく燃えたねえ」

水野「『よく燃え残ったねえ』のほうが正解なんじゃない？」

中山「アスファルトシングルって、意外と燃えにくいんだねえ。石油製品なのに不思議」

などとそれぞれの感想を述べあいながら作業を進めるが、フト気がつくと消し炭で手や衣服が真っ黒。洗っても落ちにくいし、これは参った。

そこで先にスクレイパーで炭化した柱の表面を削り落とすことにした。そしたら、もともと5寸角（15㌢）あった角材が13㌢くらいになってしまったじゃないか……トホホ（泣）

阪口「強度は大丈夫なのかな？」

中山「なんのなんの。中心部分はぜんぜん炭化してないよ。

一部は燃えかすみたいになっていた。崩落してたらアネックスに延焼していたかもしれない（怖）

柱を残して撤去完了。上端の方の焼失が著しい。少し縮んだかも

見てみ、ほら？」

表面の消し炭を削ってみると、中から新しい木肌が見えているではないか。太い材木は火に強いのだ。

水野「ログハウスが意外と耐火性能が高いっていうのはホントなんですね」

柱一本を残し再建だ

さらに野地板をはがし、軒桁、梁などの燃え残りをはずしていき、最終的に柱だけがポツンと残った。この柱は代替がないので、焦げたまま流用することにした。

さて、ここから仕切り直しである。東屋の再建だ。

実は前回の東屋では致命的な失敗をしていた。

中山「寸法を間違えてたのですよ！　屋根の四辺の一辺を2・5㍍で考えてたんだけど、勘違いして梁の長さを2・5㍍にしちゃったの。これを「三平方の定理」に当てはめると、一辺の長さはたったの1・8㍍弱。畳2枚分のスペー

屋根の四辺の長さを計算する

前回

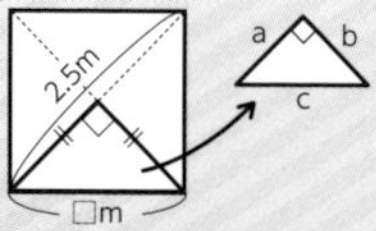

aとbの長さは2.5÷2=1.25m
$c=1.25\times\sqrt{2}$
≒1.76

今回

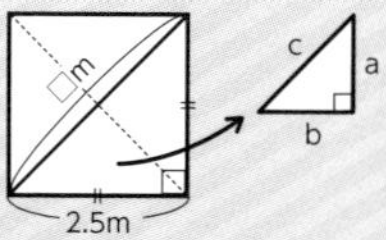

aとbの長さは2.5m
$c=2.5\times\sqrt{2}$
≒3.54

直角二等辺三角形の斜辺の長さは$\sqrt{2}$ = 1.4142…

なので、梁全体の長さは、
$2500\times\sqrt{2}$
= 2500 × 1.4142 = 3535.5㍉
必要なわけだ。
わかったかな？

仕切り直しで東屋の再建！

ドリルで穿孔する。いつの間にか顔が煤で真っ黒だ

再建開始。今回は梁の長さを3640㍉にしてみた

通しボルトで「ホウヅエ」を締め付ける。前回よりも梁が長いので、端っこをジャッキで固定して作業

前回と同じように梁を井桁に組んで、柱の切りの欠きに組み込む

スにもならないわけです」

逆に四辺の長さを2・5㍍にするには、梁全体の長さは2間（3640㍉）程度ないとダメなのだ。

またしても苦手な公式で計算してみる。

中山「中学時代の数学の成績の悪さが、こんなところで影響してくるとはねえ」

阪口「人生ってわからんもんだよねえ」（↑人のことといえない成績）

予算の壁が立ちはだかる

寸法が決まったところで、さっそく作業を始めよう。あらためていうまでもなく、安く上げるのが至上命題である。そういえば、大量に余ってた9㌢角材があるじゃないか。アレをタテ割りにして、梁や軒桁に利用しよう。

しかしこれが意外にも大変だ。丸ノコのモーターが焼き切れてしまいそうである。しかも微妙に反ってたりして、まっすぐに切れなくて、切断面がガタガタに……でもまあ新たに材木を買うよりはマシかな。

これらの材木を梁、合掌、軒桁などに利用し、さらにホウヅエで補強。一度経験しているだけに作業はスムーズに

柱のてっぺんは、気がつくと合掌材が、こんな具合に渦を巻くように仕上がっていた

↗軒桁兼鼻隠しをビス留め。↖天井板がずれている。➡梁と合掌の取り合いは、間柱材を一枚噛ませると幅がピッタリ

骨組みが完成。四辺の真ん中、柱と鼻隠しを結んでいるのが「妻合掌」だ

進行し、丸一日で屋根材の野地板張りまで進んだ。

しかしここで再び予算の壁が……前回は余ってたアスファルトシングルで仕上げたんだが、今回はもうない。かといって新たに買うのも悔しい。どうしようかと思ってたら、下地材のアスファルトルーフィングが丸ごと1本、余ってるではないか!

中山「どうせ東屋だしなあ。これで仕上げるって、どうよ?」

阪口「いやマテ! 半永久的に使用するなら絶対、キチンと作った方がいい!」

中山「だってしょせん、東屋だぜ?」

水野「天使と悪魔のせめぎ合いですね」

どっちが勝ったかというと悪魔であった。

東屋の屋根施工でそれは起こった

結局、アスファルトルーフィングを傘釘で留めて仕上げることにしたんだが、意を決して屋根にへばりついてみたら……揺れる揺れる。柱一本だけで建ってるので、ものすごく不安定だ。勇気を振り絞って、主要な部分は釘打ちしたが、どうしても谷側の屋根だけは怖くて打てない。どうしよう。もしかしたら脚立を立てた方が怖くないかも。

まさかの転落事故発生！（再現写真でどうぞ）

このように脚立を立てかけて屋根から降りようとしたところ……

脚立がはずれて転落。この事故以来２年くらい右肩の痛みがとれなかった

お隣の新築工事をしていた棟梁が、チョチョイのチョイで仕上げてくれた

そう判断して、いったん降りようとしたときだった。「ガシャン」という脚立が外れる音とともに、体がフワリと浮いた。無意識に左手を延ばして屋根の縁をつかんだが手遅れ。次の瞬間、2㍍下のコンクリート基礎に叩きつけられていた。

「いたた……」

ゆっくりと上体を起こしてみる。右肩と左臀部に鋭い痛み。立ち上がって、ゆっくり動かしてみる。骨は大丈夫そうだ。頭を打たなかったのは幸いだった。

ショックでしばらく動けずにいたら、ちょうど隣家の新築中だった棟梁がやってきた。

棟梁「大丈夫か？　俺がやってやるよ！」

棟梁はスイスイ屋根に上っていき、谷側の、もっともオソロシイ端部の釘打ちを、ほんの10分ほどで仕上げてくれたのであった。ありがとう、棟梁……（泣）

中山「いやー、初めて怪我らしい怪我をしたよ。しかもつい数日前に都民共済解約したばっかりで無保険だったしさー」

阪口「病院行ってないの？」

中山「行ってないよ」

たびたびの苦難を乗り越えて完成した東屋。しかしイマイチ使用頻度が少ないのが残念

今回の「やっちまった!」

ついに起こしてしまった転落事故!

たいしたことなかったのが不幸中の幸い。DIYで一番避けるべきは事故。くれごれもご注意を

我々がチマチマと東屋を建ててる間、お隣の家は見る見るうちに仕上がっていた。この間たったの2日である

阪口「……行けよ!」

水野「みなさんも怪我には十分注意しましょうね!」

今回かかったお金

野地板2坪	4320円
唐草×6	1800円
金物など	1000円
雨どい、受け金具	4470円
スポットライト×2	6560円
小計	**1万8150円**
前回までにかかったお金	88万8020円
残金	**−40万6170円**

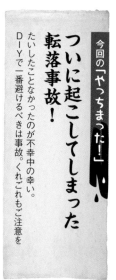

process
20

東屋を作る4

床を施工する

ようやく本体が完成した東屋。当初はウッドデッキの予定だった床張りが予算の都合で「乱張り」に。しかしこれが災難の始まりだった……

アスファルトルーフィングを張り終えた。ご予算の関係で、これで仕上げとしたんだが……

ようやく屋根が仕上がり、照明も取り付けてシャレオツに仕上がった東屋である。雨どいもついたし雨仕舞いも完璧……と思ったら！　なんと雨漏りが！　しかも複数個所、軒桁に至ってはビショビショである。どうやら釘打ちした穴からジワジワ染み込んできた雨水が、合掌を伝って軒桁を濡らすらしいのだ。

中山「やはりアスファルトルーフィングだけじゃダメだねえ。いやはや」

水野「口ぶりからして補修する気がないことが伺えますね」

中山「しょせん東屋だからね。風通しいいから、すぐ乾くよ」

阪口・水野「そういう問題じゃないだろ！」

東屋の床を仕上げる

さて今回の作業は仕上げのウッドデッキだったんだが、実測してみると案の定、GLが高すぎるのだ。図のように、デッキ材を張るには、それなりの高さが必要なんだが、たっ

完成した東屋だが、随所に雨漏り発覚！

さっそくネコがチェック。「雨漏りしてるニャ」とかいってるのかな

雨が降ると途端に雨漏りが……

スポットライトを設置してみたが、配線が丸見え……

秋になると落ち葉が積もって雨どいにあふれる

●人力山荘のGL

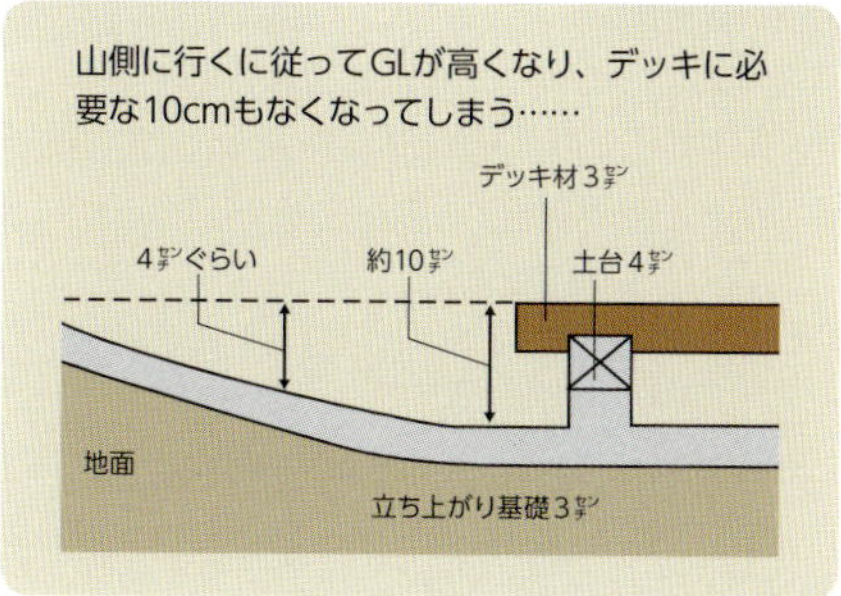

たの5㌢しか余裕がない……。

阪口「見切り発車の結末は悲惨ですな」

中山「しかも深く考えずにコンクリ打っちゃったし」

阪口「考えろよ先のことを」

水野「それでどうするの？」

中山「乱張りにします」

　そう。アネックス周辺の仕上げと同じ「乱張り」である。しかも秩父石材さんに石をもらえばタダなので、コンクリ資材だけ買えばすむ。ざっと計算すると次のようになる。

乱張り仕上げの概算＝1万円（セメント、砂利、砂の合計金額）

ウッドデッキ仕上げの概算＝4万円（デッキ材1本800円×50本）

　というわけで乱張り仕上げに決定したんだが、よく考えてみると、基礎コンクリを大

石垣のキワにもコンクリが行き渡るようにする。背後には、いつの間にか完成したお隣さんの家が

床コンクリのかさ上げ工事。作業内容は前と同じ。ミキサーで練って打つの繰り返しである

さすがにセメント11袋ぶんのコンクリ打ちはシンドイ。もう若くないし……

幅に底上げしないといけない。ウッドデッキの天端までの天地差は7㌢。底上げするとなると、相当な量のコンクリが必要だ。計算してみると……。

セメント11袋、砂22袋、砂利33袋（実際に使用した分量は異なります）

搬入するだけでもオオゴトだ。さらに秩父石材さんの大量の石もある。4時間かけて奥多摩、秩父間を往復し、それでも足りずにもうひと往復。資材の搬入だけでヘトヘトである。そして、ここからが本番の「コンクリ練り」なのだ。

中山「もうなんかウッドデッキの方が楽だったんじゃないかって気がしてきたよ。ガソリン代等含めると、高いのか安いのか……」

阪口「労賃を計算すると大赤字だな！」

嘆いていても始まらないので工事を進めよう。

雨と蚊のなかの作業

まずはコンクリ打ち。作業内容については、すでに何度もご報告している通りで、丸一日かかって打ち終えた。翌日は腰痛に苦しんだことはいうまでもない。

数日おいて、いよいよ「乱張り」である。

前回の作業ではまずまずの仕上がりだったので、今回も気分よく作業を始めたんだが、午後から雲行きが怪しく

ちょっと早いがライトアップしてみた。こう見るとなかなかの出来映えだ

あとこれだけ足りない！　そのへんの石を混ぜ込んで、かさ上げしてごまかした

4年経って測ってみたら、2㌢の段差が！やはり経年で沈下したようだ。

なってきた。そのうち篠突く雨に……。

雨になると湧き出してくるのが蚊の大群である。顔やら首やら足首を何カ所も刺されながら作業を続ける……なんかもう、ぜんぜん楽しくない。

作業は1日で終わるはずもなく、翌日に持ち越しとなる。翌朝。またしても雨。

しかし中止するわけにはいかない。なぜなら昨日使ったバケツやらなんやらを、どうせ1日くらい大丈夫だろうと洗わずに、水に浸けたままホッタラカシにしておいたのだ。このままセメントが硬化するとマズイので、やはり作業しないといけない……ああ。

再び蚊の大群が襲来。しかも昨日の疲れが残ってて、立ち上がるのも億劫だ。ウッドデッキをビス留めしていく、あの軽快な作業が思い出される。

やっぱりウッドデッキにしておけばよかったかなあ……

しかしすべては後の祭りである。

3日目にしてようやく完成。が……。

地味な作業を進めて3日目にして、ようやく乱張りが完成した。そこで初めて、遠目から出来映えを眺めてみる。

最後に丸石の乱張り。あと少しだ！

完成した乱張り。今回は目立つ手前側から作業を始めた

うーむ……イマイチである。

前回と同じく、当初は石に形や大きさのバラエティがあるので、動きのある配置ができたんだが、終盤になると同じ大きさの石ばかり残ってしまい、意匠が単調なのだ。

中山「あの重労働の結果として、この仕上がりは納得できんなあ」

阪口「まあでも、このコンクリの厚さは特筆すべきだな」

そう。ウッドデッキを想定したベタ基礎に、さらに打ち増ししたせいで、コンクリ厚がなんと17㌢にも達していたのである。

阪口「しかも、この分厚いベタ基礎の上に建ってるのが、ただの東屋っていう（笑）」

水野「つまり無駄に頑丈!?（笑）」

中山「あーもう！　オレはなんのために苦労してたんだ！」

中山「金と時間と労働と完成度の兼ね合いだね。お金をかけずに完成度の高いものを作る。時間と労働はなるべく少ない方がいい」

公式にすると、こんな感じ？

完成度÷お金ー（時間×労働）＝DIYの楽しみ

今回の「やっちまった!」

これだけ苦労した東屋なのに、雨漏り頻発!

アスファルトルーフィングだけじゃ、ダメでした……

さっそく宴会を実施。グラスや皿を落とすと一発で割れてしまう。また最近は、もっぱら喫煙スペースになってるのが悲しいところ……

今回かかったお金

ヒノキツーバイ材2メートル×5本	2000円
セメント11袋、砂28袋、砂利15袋	1万1700円
石	0円
小計	**1万3700円**
前回までにかかったお金	90万6170円
残金	**−41万9870円**

●乱張りのきまりごと

通し目地を避ける

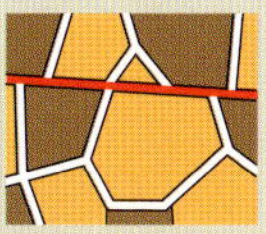

目地が一直線に伸びると不自然になる。不規則な意匠にこだわるべし

四ツ目地を避ける

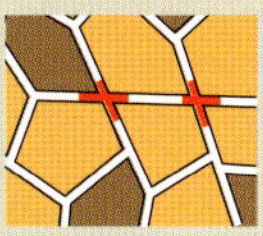

四ツ目地が十字に交差するのはNG。必ず「人」の字になるようにする

大小の石を組み合わせる

右頁の写真でもわかるように、大小が不均等になるとメリハリがつく

process 21

ガーデンチェア&テーブルセットの制作

東屋ができれば、そこには当然ベンチがほしくなる。ならば、タダでもらったケヤキの丸太でベンチ作りだ！　しかし、その重量は半端なくて……

隣家のケヤキの大木。切り倒したばかりというのもあるが、大人二人がかりでも持ち上げるのが困難というくらい重い

東屋が完成したら、次に必要なのはイスとテーブルセットだ。とはいっても新品の既製品を買ってくるのでは面白くない。ここは一発、自分で作りたいところである。

と思ってたら、タイミングのいいことに、隣家の新築をしている棟梁から、

「ケヤキの大木を伐採したけど、いらねえか」

という提案が。ケヤキといえば日本を代表する高級材である。

これはもう1本モノでベンチを作るしかない！

というわけで助っ人を頼んだのが、人力社のメンバーでチェーンソーの使い手、和田である。自前のハスクバーナを携えて登場した和田。連日のログハウス建築で、ちょっと会わないうちに筋骨隆々。これは頼もしいぞ。

巨大な丸太をどう運ぶか

さっそく現場に行ってみる。ケヤキの丸太がゴロゴロ転

搬送を考え、現場で座面をチェーンソーでタテ切りに

タテ引きに成功。実はほとんど和田がやってくれたのである

和田に教わりながらチェーンソーを扱ってみる。この時まで玉切りくらいしかやったことがなかった

こうして比較してみると、腰の入り具合がまったく違う。左の中山は完全に腰が引けている

がっている中から、「く」の字に折れたのを選んだ。しかし一人ではビクともしない。おそらく重量200㌔近いのではなかろうか。そこで少しでも軽くするために1・5㍍に切り落とし、次に座面に合わせてタテ切りにした。これでようやく100㌔くらいになったか。そこで人力山荘に運び上げることにした。単管パイプをコロにして滑らせながら少しずつ動かしていく。まさに気が遠くなりそうだ。坂道にかかると作業はさらに難航。ロープを括り付け、中山と阪口が引っ張り、下から和田が押し上げる。

和田「エジプトのピラミッドって、こうやって造ったんじゃなかったっけ?」

中山「あれは景気悪いときの公共事業だったって話だよ」

阪口「税金でハコモノを建てるってのは、今も昔も変わらんねえ」

ようやく縁側まで運び上げたら、さっそく仕上げ作業に入ろう。

小屋作りの基礎知識　**玉切り**▶伐採した立木を同様のサイズにそろえて薪に加工すること

コロを使ってひたすら人力山荘へ運び出す

縁側の前を通過。あと少しだ……と思ったら

なんとか運べるくらいの大きさにしたので、
みんなで引きずり出す

ウッドデッキという難関が。持ち上がらないので
タテに回転させながら、なんとか通過

阪口もカメラを捨てて助っ人に駆けつける

　再び和田のチェーンソーが唸り、台座になる2本の足を制作。次に本体に足を噛ませるホゾを開ける。ここまで終わったところで新たな難問が……東屋まで、どうやって運ぶのか？

　東屋は、ウッドデッキの最奥部に位置するので、距離は20㍍ほど。段差もある。

中山「デッキ表面は、なるべく傷つけないようにしたいんだけど」

一同「贅沢いってんじゃねー！」

重厚感あふれるベンチ完成

　結局どうしたかというと、150㌢のケヤキをタテにゴロンゴロンと回転させながら運んだのであった。100㌔もある

座面を曲面カンナで調整して完成！

こうして超重いベンチが完成。今でもひとりでは動かせない……

曲面カンナで表面を仕上げる

座面が水平になるように、チェーンソーで微調整

ので、ちょっとバランスを崩すと、そのまま倒れ込んできて押し潰されそうになる。ようやく東屋まで運びこんだら最後の仕上げだ。座面の水平を出すのである。ここで和田がおもむろに取り出したのが、

和田「じゃじゃーん！　曲面カンナ！　主に宮大工が使うという特殊カンナで、材の表面に反りやねじれがあっても自在に削ることができる！」

水野「舞妓さんの『ぽっくり』みたいね」

和田が曲面カンナを使って座面をガンガン削っていく。時折、水準器で水平を確かめつつ作業すること10分ほど。ようやく座面が完成した。そして肝心の座り心地はというと、さすが100キロ超の重量で、非常に安定している。

和田「まだ水分が含まれてるからね、2、3年経つと少し軽くなるよ」

確かに座面を触ってみると、ほのかに湿っている。材木の生命を感じる瞬間であった。

テーブルは柱に作り付け

イスといえばテーブルである。

せっかくの傘状東屋なので、柱に作り付けのテーブルを

東屋の柱に作り付けのテーブルを

オイルステン系の塗料を塗って完成

外辺の天板だけ幅を細くして、二枚重ねにしたものを
４枚組み合わせて「ロ」の字に組むようにする

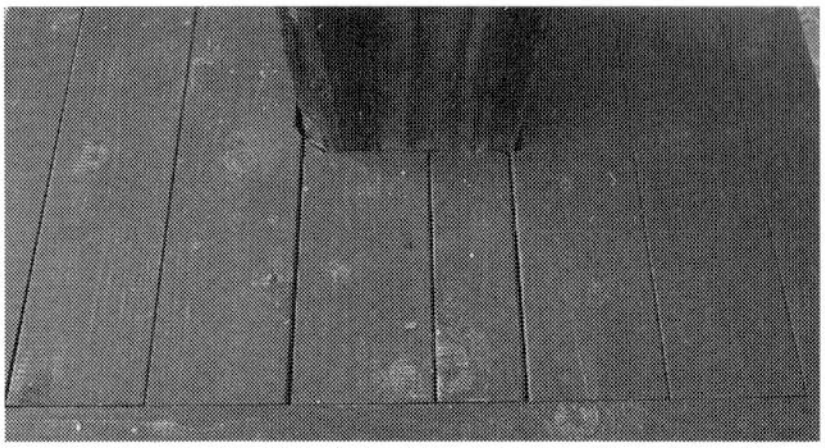

４年経ってみると、だんだん木が痩せて
隙間が見えるようになってきた

柱の周囲に受け材を組んで天板を置き、下からビス留め。
天板の高さは66センチだが、はっきりいってテキトー

こしらえることにした。

ヒノキのツーバイ材を組み合わせて「コ」の字型に組んだところで、柱に取り付けて「ロ」の字型に。天板になるツーバイ材を1枚ずつ、木工ボンドとクランプで圧着して、最後にチーク色に塗って完成である。

ケヤキのベンチと、ついでに作った臼……ではなくて丸太のスツール

折りたたみテーブルで大失敗

木製のガーデンチェアとテーブル（の天板のみ）を格安の4000円で購入。テーブルの脚は自作することにして、材木を「X」に組んでみることに。ここまでなんの疑問も持ってなかったんだが、いざ天板を載せてみると……「ペタン！」と潰れてしまった！

今回の「やっちまった！」

しかたないとはいえ、100キロ超の丸太を人力で搬送！

押し潰されそうになりながら、なんとか完了……

阪口「おー、さすがDIY歴8年の完成度ですな」
中山「でしょ？　オレもそう思ったんだけど、何気なく水準器当ててみたら、ビックリするくらい傾いててさ」
一同「えーそうなの!?」
中山「受け材の段階では、間違いなく水平出てたんだけどなあ……なんでかなあ」
水野「東屋全体が傾いてる？」
阪口「それと天板の水平は関係ないでしょ」
中山「まさにDIYの七不思議だねえ。いやはや」
一同「直さないのかよ！」

今回かかったお金

ガーデンチェア&テーブルセット	4000円
もうひとつガーデンチェア&テーブルセット（次頁参照）	0円
補修費用	7280円
作り付けテーブル用ヒノキ材	2200円
小計	**1万3480円**
前回までにかかったお金	91万9870円
残金	**−43万3350円**

COLUMN

拾ってきたガーデンチェア＆テーブルを修理

ヤフオクやジモティーで気長に探していたガーデンチェア＆テーブルセットだが、なかなかいいのが見つからない……と思っていた矢先、ゴミ置き場に放置されているのを発見してしまった。

中山「拾ってきました。すみません」

水野「それって法的には窃盗にあたるんだよ」（←ゴミ置き場に出された時点で行政の所有物となるらしい）

中山「今のはウソです！　実は人からもらいました（汗）」

ところどころ壊れていたので、分解して補修＆塗装を施してみる。

まず木製のチェア。折れてる支柱を交換し、木工ボンドで接着。雨ざらしで痛んでいた板面を、サンダーとワイヤーブラシで塗装をはがして塗り直す。ビスはすべて新品に取り替える。

モザイクテーブルもサビ落としししてから塗料を塗り直し。足の継ぎ目がひとつ折れていたので、小型クランプで補強。天板にはカビキラーをぶちまける。そして組み立ててみると……おお。新品と見まごうばかりのピカピカに生まれ変わったではないか！

中山「同じのを新品で買ったら３万円ってとこだね。得したよ。おっほっほ」（←ご満悦）

ワイヤーブラシでアイアンテーブルのサビを落とす

椅子は一度ばらしてサンダーかけた後、再塗装

こんなにキレイに
生まれ変わった

50万円で
小屋が建つ!?

番外編

ツキノワグマが現れた!!

のんびりと奥多摩暮らしを満喫する中山に訪れた突然の大ピンチ！いきなりツキノワグマが人力山荘に現れ、さらにはスズメバチの群れも現れて……。山奥の楽園はさながら『ツキノワグマ対スズメバチ対中山　奥多摩の大決戦！』の様相に！

そいつは突然、やって来た（再現写真でどうぞ）

梁の高さは2.5㍍ほどもある。おそらく右の棚から上がったんだろう

物音がしたので様子を見てみる。そこには……？

後で見てみたら、棚の上に置いてあった壺と杵が壊されていた

それはちょうど「リオデジャネイロ五輪」の頃なので、2016年夏のこと。

完成したアネックスでテレビ観戦していると、ウッドデッキの方から「ドスン」と音がした。

……なんだよ。また野良ネコでも暴れてるのか？

そう思ってドアを開けると、なにやら黒い大きなモノが、ウッドデッキ上の梁の上に乗っかっていて、筆者と軽く目が合った。

ネコにしてはデカイ。体長は1㍍ほどもあろうか。

はて。アレはいったい……次の瞬間、ほとんど無意識にドアを閉めた。大急ぎでカギをかけ、全開だった窓も慌て閉める。

頭の中は真っ白である。意味もなく室内をウロウロする。

映画などでよくあるシーンだが、まさか自分も同じことをするとは……。

誰かに報せないと！

どうする。どうする……そうだ。誰かに報せないと。でも誰に？　役場？　消防？　いや、警察か。

そこで生まれて初めて110番通報してみる。2コール目で男性の冷静沈着な声が。

「警察です。事件ですか、事故ですか？」

二者択一の質問に、しばし悩む。

「事件……ですかねえ」

「事件ですね。事故ではないんですね？」

畳みかけるような質問に、さらに頭が混乱する。

「と、とにかくクマが出たんですよ！」

「クマはどこにいるんですか？」

「わかりません」

「わからないって、クマがいるんですよね？」

だから！　ドア閉めて中にいるから、外の様子なんかわかんないっつーの！

「クマはどっちに逃げましたか？」

それもわからんっつーの！

「あ、場所はわかりました。30分ほどでそちらに向かいますから」

筆者と話しても埒があかないと判断したのか、GPSで場所が特定できたからか、電話は一方的に切れた。

外の様子をうかがうと……

それからまんじりと警察の到来を待つ……が、しかし。やはり様子が気になる。

ドアを細めに開けて外をうかがってみた。ウッドデッキはいつも通りで、照明もつけっぱなしである。しかしよく見ると……ものすごい数のスズメバチが飛び回っている。

そこでようやく理解できた。

実はウッドデッキの天井に、キイロスズメバチが巣を作っていたのである。とはいっても天井が高く、人を攻撃してくることもなかったのでホッタラカシにしていたのであった(スズメバチは、女王バチ以外すべて、ひと夏で死んでしまう)。クマが狙ったのは、おそらくハチの子だったに違いない。

バットを手におそるおそる外に出てみると……なんと。

けっこう立派に育っていた巣が叩き落とされ、粉々になっているではないか。その周囲を、怒りに燃えるスズメバチが100匹近くも、ブンブン飛び回っている。

突然、規格外の激痛が！

そりゃあそうだろうなあ。可哀想に……と、そこで赤色灯が通過するのが見えた。しかし道路に出るには、スズメバチの大群の中をかいくぐっていかなければならない。姿勢を低くして、なんとか縁側まで到達した。そこで左ふくらはぎに激痛が走る。激痛なんてもんじゃない。全身にシビレが突き抜ける感じである。

「ぐああ……」

這うようにパトカーに辿り着くと、呑気そうな警官と、猟友会だというオジサンの二人が顔を出した。

「クマはどこへ行きました？」

「わ、わかりません……」

そこでようやく苦痛にうめく筆者の顔に気づいたのか、

「どうしたんですか？」

「いやあの……スズメバチに刺されまして」

しかし警察にとってはスズメバチなどどうでもよいらしい。猟銃を準備するオジサンと、

「見つけたら撃っちゃっていいですよね？」

「拳銃じゃ効きませんからねえ」

などと物騒な会話をしながら、懐中電灯をアチコチに向けている。

「あの、これからどうしたら……」

「家から出ないで大人しくしててください」

「はあ」

あとで聞いたところによると、数日後に隣の集落で、ツキノワグマが一頭捕殺されたそうだが、それが同一のクマだったのかどうかは不明である。

ヨタヨタと病院へ

その日は激痛のため、早々に寝ることにした。

翌朝、多くのスズメバチは姿を消していて、2、3匹が名残惜しそうに飛び回っているだけであった。ふくらはぎはパンパンに腫れ上がっていたが、痛みはだいぶ引いていたので、蜂の巣の片付けを始めたんだが、そのうち頭がフラフラしてきて、とても立っていられない。ヨロヨロと寝床に戻り、ぶっ倒れること1時間ほど。症状はひどくなる

激痛、そして病院送りへ(再現写真でどうぞ)

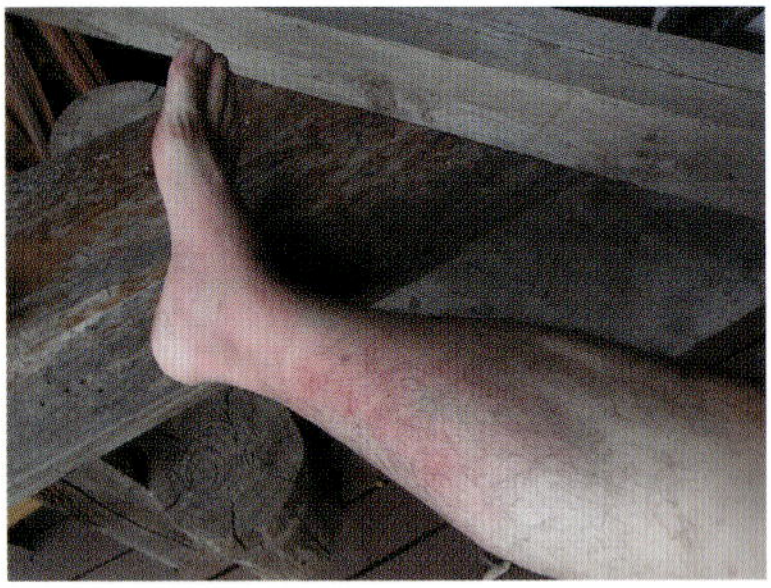

パンパンに腫れ上がった左足。3日くらい腫れが引かなかった

血圧が低下して起き上がれない……やばい。死ぬかも

その後購入したハチ撃退スプレーとポイズンリムーバー

まさに「脳天を突き抜ける」痛みだった……

一方である。

やばい。このままだと死んでしまうかも……。

死ぬ思いで体を起こし、ヨレヨレの状態でなんとか病院に車を付ける。医者が処方してくれたのは……なんと「アレロック」(花粉症の薬)であった。刺されて一晩経過しているので、緊急性はないものと判断されたらしい。

「アナフィラキシーガイドライン」(日本アレルギー学会)によれば、何らかのアレルギーを持っている人の割合は、およそ22人に１人(４・５%)で、このうち過去にアナフィラキシーを発症した人は２００人に１人(０・５%)、さらに死亡にまで至るケースは２０００万人に１人(０・０００００５%)程度とのことである(死者数は毎年50〜70人。このうちハチ刺傷によるものは20人前後)。

筆者の場合は「２００人に１人」に見事に当たってしまったわけであるが……しかし今、この原稿を書きながら、改めて思うのである。

なんでオレ、ハチに刺されないといけないの?

母屋編

完成した「囲炉裏バー」。酒類も充実

3章

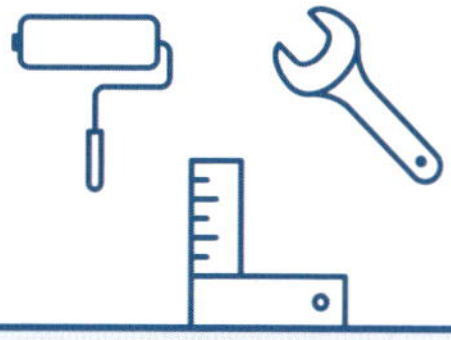

復習！人力山荘

そもそも「人力山荘」とはなんなのか？

1章でアネックスと呼ばれる小屋を、2章でその周りのエクステリアを次々と仕上げてきたわけだが、3章ではいよいよ総本山である「人力山荘」の「リフォームのリフォーム」に取りかかる。ここでは、その前に現在に至るまでの人力山荘の流れを簡単に紹介しておこう。

まずはじめに。「人力社」とは、ライター中山とカメラマン阪口、ライター兼イラストレーターの和田の三名で構成するグループの名称である。

2008年4月に、中山が奥多摩に古民家を購入したことから話は始まる。築100年の古民家は「人力山荘」と名付けられ、改修工事がスタートした。

古い納屋をぶっ壊し、風呂小屋を建て直して新たに五右衛門風呂を設置し、キッチンを新設し、ポットン便所を水洗トイレに切り替え、三和土《たたき》の土間に作り替え、外壁の漆喰塗りに挑戦し……ただのボロ屋であった人力山荘は、この10年間で見違えるほどキレイに生まれ変わった。

さらにエクステリアにも手を加え、外水道、玄関周り、ウッドデッキを増設。人力山荘は、原形をとどめないほどに進化した（詳細は前作『笑って！古民家再生』参照）。

それに伴い、大工の技術や知見も格段に進歩したんだが、ここで思わぬ問題が……あまりに目が肥えてしまったために、当時のテキトーな仕上がりが、どうにも我慢できなくなってしまったのである。

そこで今回、通常ではあり得ない「リフォームのリフォーム」を敢行することにしたのであった。

「人力山荘」これまでの歴史

❶「台風一過」のような状態から……
❷まず最初に風呂小屋の再建築にとりかかり、入浴が可能となった
❸続いて洗浄便座付の水洗トイレが取り付けられて、快適度が一気に上昇
❹母屋の増築では初めての棟上げを経験
❺さらに建て増してウッドデッキを設置することに……
❻そして人力山荘は、このように生まれ変わったのである

process 22

土間の改修

母屋の改修第一弾は、無駄に広い三和土の土間を使い勝手のよいフローリングに改修すること。しかし、だんだん古民家の風情がなくなっていくような……

定点撮影。広大な土間がフローリングに生まれ変わった

中山「今回からは、人力山荘母屋の『リフォーム』を始めることにしました」

水野「まだなんか不満があるわけ?」

中山「ありますともさ! ありすぎて困っちゃうくらいですよ!」

阪口「まあ、ダメっていえば全部ダメなんだけど」

中山「あの頃は今よりももっともっとテキトーな施工してたからね。アラが丸見えって感じなんだよね」

水野「その中でも一番ダメなのは?」

中山・阪口「いっぱいありすぎてなあ……」

水野「じゃあ一番、使い勝手が悪いのは?」

中山「土間です!」

そう。土間の三和土である。諸事情により三和土の土間で仕上げたんだが……。

中山「ぜんぜん使ってないの。いちいちサンダル履くの面倒くさいし。ホコリっぽいし、ネコのトイレになってるし」

キッチン戸棚に収納していたものもすべて出す

この機会に屋根裏も大掃除しようということで、押し込んでいたものをいったん下ろすことに

台所は土間の上にスノコを敷いただけだったので、これも取り外す

かくして合計8畳ほどもある土間は、広大なデッドスペースと化していたのだ。

中山「というわけで全面フローリング張りにします。ついでにキッチン周りもスノコを引っぱがして、すべて床を張ります」

湿気が高くてカビ臭かったシンク下の収納も、これですがすがしくなるというものだ。

まずは家具をすべて撤去!

さっそく作業に取りかかろう。

まずは大掃除から。シンク、冷蔵庫、食器棚などを撤去、解体する。ついでに屋根裏を大掃除。余勢を駆って囲炉裏部屋との仕切り壁もぶっ壊す!

阪口「ちょっと待て! この壁は重要だから壊すなと大工さんが……」

中山「ええい、構わん!」

イキオイで、ぶっ壊してしまった壁だが、中から貫が2本も出現した。

中山「やべー1本ぶった切っちまったよ」

阪口「この貫で母屋が傾かずに保たれてたんじゃないの?」

小屋作りの基礎知識

貫(ぬき)▶柱を貫通する補強材で、伝統工法で使われたが、建築基準法で筋交いを入れることが義務づけられ、現在は使用されない

戸棚を解体して壁をぶっ壊したところで「貫」が出てきた

シンクも解体して運び出す

中山「ぐ……切っちゃったものは仕方がない。あとで構造用合板でも張ってごまかすか……トホホ」

床張りで重要なのは「いかにして水平を出すか」である。基準はトイレ前の床である。この床面と、新しく張る床面がピッタリ同じ高さになるように施工するのだ。

しかしである。

何度も触れているように、人力山荘の増築部分は怖ろしく杜撰な施工で、基礎が大きく傾いているのだ。今回、改めて実測してみたら、なんと!

中山「10㍍で20㌢傾いてました」

阪口「これで家が建ってしまうのが不思議だ……」

それで土台は無視して、新しく水平を出し、そのラインを基準に大引を置いていくことにしたんだが、ここで新たな問題が。

中山「土間から床面の高さが短すぎる」

阪口「この前も、そんなこといってたような……」

場所によっては沓石を置くスペースすらないので、スコップで土間を削って沓石を押し込むことに……あんまり地面に近すぎると、湿気による腐朽が心配なので、大引には防腐剤を塗った。910㍉間隔で大引を引いたら、次は

⬆大引に防腐剤を塗る。⬅余ってる角材を適当に切り張りして大引にした。⬅⬅床面との調整で、部分的に三和土を掘ることに

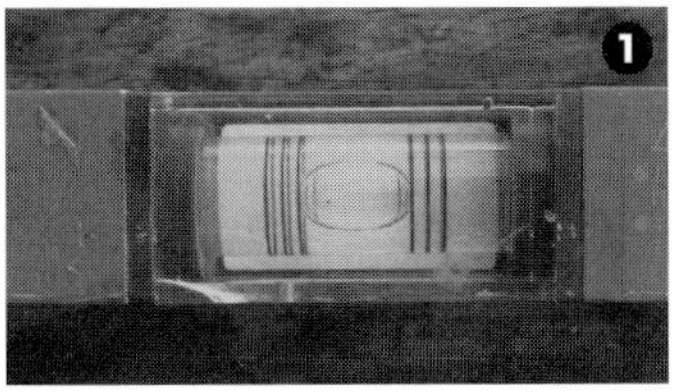

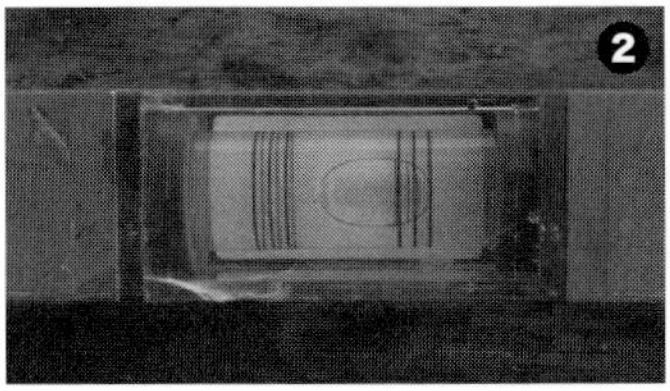

水準器の目盛りは、ひとつで1度違う。❶が水平。❷は「100分の2」の勾配を示している

根太を打っていく。

「この根太、細くね？」

阪口「この根太、細くね？」

中山「世の中では胴縁《どうぶち》材と呼ばれているものです」

普通、根太は45ミリ×45ミリ材を使うが、前述のように高さに余裕がないので、40ミリ×30ミリの胴縁材を根太代わりに使ったのである。

阪口「強度は大丈夫なのか？」

中山「根太は普通、300ミリ間隔だけど、250ミリ間隔で打つことにしました」

水野「質より量で強度を出す作戦なわけね」

しかしこれが後々アダになるとは、この時は知る由もない……。

根太を打ち終わったら、さっそく床張りだ。

普通は床材の下にコンパネや野地板などの「荒床」を張るんだが、何度もいうように高さに余裕がないので、床材一枚張りで強行突破することにした。

難しいのは最初の1枚目である。

中山「実は部屋というのは正方形でなく、微妙に歪んだ

小屋作りの基礎知識　**大引と根太と床材の関係**▶大引をどう置くかで、床材の流れが決まる。大引と根太は直角に交わり、根太と床材は直角に交わるからだ

根太を打ち、その上から床板を張る

水道管が邪魔で根太を固定できず。これも床鳴りの原因となった

フローリング材は縁側に対して直角に張っていくことにした。従って根太は縁側と平行にした

根太を張り終え、フローリング材を張っていく

釘締めを使ってフロアネイルを打ち込む。ネイルは45ミリを使用

四角形の場合が多いのですよ（五角形とか六角形のことも！）。だから一枚目をうまくはめないと、あとで非常に困るわけです」

もう一つ苦労したのが、柱の沓石である。この石、かつて仮置きしたのが、いつの間にかデフォルト化したものだが、現在も「効いてる」（家屋の重さを一身に集めている）ため、動かそうにも動かせないのだ……仕方ないのでフローリング材を切り抜いて仕上げることにした。ともあれ二日がかりで、どうにか完成したのであった。

一同「おお！　見違えるようだ！」

水野「なんか、いきなりモダンになったよね」

中山「これでデッドスペースも解消だ……って、あれ？」

ギシ！ギシ！

阪口「なんかすごい音がしたんだけど」

水野「こっちも！」

なんということか。あっちこっちで床が軋むのである！

阪口「これは明らかに、根太が細いのと、根太の上で床材を継がなかったせいだね」

中山「ネタがネタになっちまうとは！」

水野・阪口「座布団没収！」

広大なデッドスペースが広々としたフローリングに様変わり。とりあえず寝転がってみる

完成したにもかかわらず、ギシギシ床鳴りする個所が……しかも原因もわかっているのだ

飛び出た沓石に沿って切り欠いたが、後日ここからネズミが侵入

旧土間と縁側をつなぐドアをつける

ついでに旧土間と縁側を仕切る壁を取り払って、ドアを設けることにした。奥の和室から直接、囲炉裏部屋に出られるようにするわけだ。ドアを開放すれば、囲炉裏部屋が明るくなるという利点もある。

中山「実はちょうどこのあたりが、155頁の怪談話で、声が聞こえた場所なんだよねえ。あとネコのトイレにもなってて、なんとなく不浄な感じ」

水野「怖い話はNG！」

余っていた角材で束と敷居を立ち上げ、根太を渡し、これも余った床材で仕上げる。次にドアを仮留めして、水平をとりながら鴨居を設置。次に方立てを、ドアの寸法に合わせて、垂直に注意しながら固定する。ドアとの隙間は3ミリとした。

最近はドアとドア枠がセットで販売されていることが多いが、今回は古いドアの再利用なので、ドア枠も自分で作る必要がある。ラッチ穴や戸当たりも、自分で加工して取り付けた。

最後に鴨居の上の隙間と、方立てと柱の隙間に板張りす

ドアを取り付け、方立て代わりの柱を入れる。
ドアは長い間、屋根裏で寝かせていたのを再利用

旧土間と縁側の間にドアをつける

床束の上に框をしつらえ、根太を渡したところ

フローリング材を張って完成。しかし左のホゾ穴からもネズミが

フローリングと縁側の床の見切りに敷居を入れる

鴨居と方立てに、それぞれ相じゃくりの野地板を取り付けて仕上げる

れば完成である。作業時間2時間半程度。

阪口「仕上がりがイメージできると作業も早いねえ」

中山「しかも材料費は0円。安いってステキだ」

水野「今回はツッコミどころが見つからなくて残念！」

見切り▶仕上げ材の端っこの部分を見苦しくないように収めること

奥多摩の山怪話

それは2011年の寒い夜のことだ。時刻は夜11時を過ぎていただろうか。

当時、母屋の八畳二間の奥の間に寝泊まりしていた中山は、布団に入って本を読んでいた。そろそろ寝ようかと思い、本を閉じた時。

ぼそぼそ……。

ぼそぼそ……。

人の話し声が聞こえる。数人が集まってひそひそ話をしているようだ。

ぼそぼそ……。

ぼそぼそ……。

声は外からではない。家の中、土間のあたりから聞こえてくる。5、 6人が額を集めて囁きあっているような感じだろうか。

なにを話しているのか判然としない。でも、確かに聞こえる。

ぼそぼそ……。

ぼそぼそ……。

背中にぞっと寒気が走った。

うわ、来たよ。どうしよう……。

怖いなあ……けど、このまま寝られない。そう。得体の知れない声を聞きながら眠れるわけがないのである。

意を決して寝床から起き出した。そしてひとつ目の障子を開く。声は確かに、土間の右隅の方から聞こえてくる。

ふたつ目の障子に手をかけ、思い切って開け放った。

……。

土間は静まりかえっていた。もちろん誰もいない。

ぼそぼそ声もピタリと止んでいた。

耳なりがするほどの静寂が、薄暗闇の中に広がっているだけである。

その日以来、耳栓をして寝るようになったが、そのおかげかぼそぼそ声を聞いたことはない。

この話を人にすると、「寝ぼけてたんじゃないの?」と必ずいわれる。

しかしそんなことはないのである。

それは就寝する間際に、現実に起こったことなのだから……。

かつて屋根裏から出てきた大量の御札。家主さんに返して処分してもらった

今回かかったお金

根太用野縁材30×40　3m2束	7940円
メッシュ×15	5670円
床材3980円×6坪	2万3880円
ネダボンド	500円
釘締め	600円
沓石用コンクリート、平板×8	2300円
モルタル、セメント、砂	1760円
小計	**4万2650円**
前回までにかかったお金	93万3350円
残金	**－47万6000円**

今回の「やっちまった!」

作りたての床が異常に軋む!

細い根太で強行したのが原因でした……

小屋作りの基礎知識

相じゃくり▶板材の端を半分切り欠いて、重なる部分に隙間ができないようにする加工

process 23

内壁の改修

長年懸案だった母屋の内壁。もともと外壁だったので、虫やらなにやらがタンマリ。今回は思いきって、この禁断の場所に手を入れる！

⬆石膏ボードを張った上から隙間をパテで埋めていく。今回の助っ人さんは、中山のサラリーマン時代の友人、山本さんとご主人の妹尾さん。↗下屋と母屋の隙間を取っ払ってみたところ。↖汚い外壁がむき出しでキモイ……

さて、今回は内壁のリフォームなんだが、そもそもなんで今頃、内壁の改修が必要なのか？　実は人力山荘のキッチン側の壁は、かつての築100年古民家の外壁がむき出しなのである。そこを、子細に観察してみると。

水野「ぎゃあああ！　カメムシの死骸がたくさん！　しかも得体の知れない蜘蛛の巣があちこちに！（鳥肌）」

そこにはウゾウムゾウの虫たちの死骸と、不気味な蜘蛛の巣が張り巡らされ、なんとも気色悪いのであった。その原因は、増築部分と母屋の継ぎ目にある。日差しの強い日中に屋内から見上げてみると……。

阪口「ああっ！　隙間から日光が差し込んでる！」

幅1センチもある巨大な隙間があり、外が丸見え。そこからウゾウムゾウの虫が入り込んで勝手に巣を作っているわけだ。

今までは見て見ぬフリをしてきたが、今回はいい機会である。これらを一掃してしまおうという計画なのであった。

まずは脚立に登って壁面上部を子細にチェック。むき出

下屋の再リフォームが完成。アンティーク照明も取り付けてシャレオツに仕上がったぞ

野地板のタテ張りで統一して仕上げた

端材を利用して下地を調整する。面を平らにするための涙ぐましい努力

下屋と母屋の隙間はアスファルトルーフィングを全面に張って防水

しの母屋の外壁には、100年ぶんのゴミやらホコリやらが堆積していて、見ているだけで鳥肌モノだ。

これをいちいち掃除しないといけないのか? いえいえ。もちろんそんなことはしません。

中山「臭いものにはフタをするべし!」

つまり外壁の上に新たに壁を作り、隠してしまうという作戦である。

中山「だから掃除なんかする必要はありません」

水野「ホントにしなくていいの?」

中山「いいんです!」(↑キッパリ)

部屋のなかを落ち葉が舞うフシギ

まずは下屋の壁から。ここも外壁丸出しで、しかも下屋と母屋のつなぎ目からは外が丸見えだ。

中山「たまに室内に枯れ葉が落ちてたりするんだけど、ここから吹き込んでたのね」

阪口「外と変わらんねえ」

まずは受け材として90ミリ角材を渡し、さらにその表面に野縁材を打ちつける。これが巾木となる。上端にも同じように野縁材を渡して、規定の長さに切った野地板をタテに

小屋作りの基礎知識 **野縁材(のぶちざい)**▶40ミリ×30ミリ程度の角材で、吊り天井の部材だが、壁の下地やコンクリ型枠など、細かな部分でも使える便利な材木

壁の上に新たな壁を張る

妻壁に運び上げる。奇跡的にピッタリ。すげー

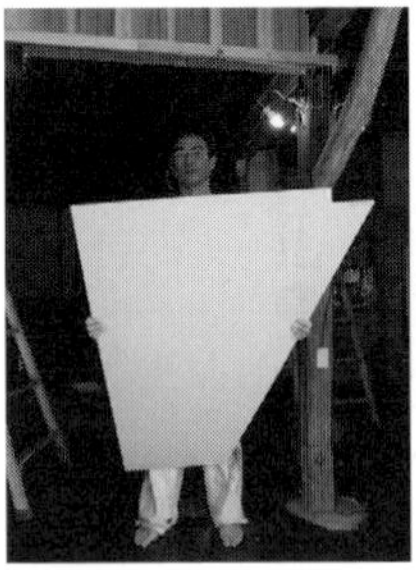

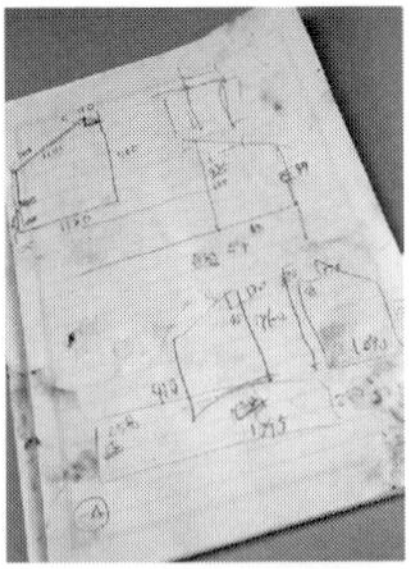

↗本人にしかわからないメモ。➡石膏ボードを切り出す。⬆妻壁なのでこのような形状になった

不気味な屋根裏に登って作業するのは家主の責任

打ちつけていく。最後に回り縁で、壁と天井の隙間を埋めていけば……汚れた外壁が見事に隠れて見えなくなったぞ。同じく下屋の天井板も工夫してみた。継ぎ目が見えちゃうのは見苦しいので見切り材を打ちつけていく。

阪口「千鳥なら、それも意匠ってことになるけど、普通の突きつけだと格好悪いからね」

中山「ビス頭も隠れるので一石二鳥！」

壁との取り合いにも回り縁を取り付ければ、全体に引き締まって見えるぞ。

もう一方の下屋と母屋の取り合い部分は、よく見ると水がしみ出た痕跡がある。台風などで雨水が吹き込み、浸透してくるらしい。原因を究明するべく壁板をはがしてみると……なんと、余った野地板を適当に張り合わせて、隙間に木工ボンドを大量に流し込んで仕上げているではないか。

中山「誰だ、こんな施工したヤツは!?」

阪口・水野「オマエだろ！」

というわけで防水シートをトタン屋根にかかるように張り、その上に改めて壁板を張った。とりあえずはこれで雨水が吹き込むこともないだろう。

小屋作りの基礎知識　千鳥（ちどり）▶つなぎ目が互い違いになるように板を張ること

これがダイコン下ろし……ではなくて「ボードヤスリ」

石膏ボードは「ボードビス」という専用ビスで留めていく

このようにキワの部分を1〜2ミリ削るとピッタリ収まる……こともある

一応換気口を取り付けるための穴を開けておいた

ようやく外壁を隠蔽

最後に母屋の外壁の隠蔽作戦である。

まずは下地作りだ。壁材である石膏ボードを受けるための野縁材を組んでいくのだが、ここで問題になるのが、「面《つら》をどこにとるか」である。人力山荘は縁側から見て左前方に傾いている。しかも柱が、それぞれ左右バラバラに傾いているのだ。これでは壁がデコボコに波打ってしまう。そこで全体の「面合わせ」をしなければならないのだ。

水野「で、どうしたの?」

中山「一番出っ張った部分を面にして、それに合わせて野縁材を切り張りしたわけです」

柱の傾きに合わせて、上端4センチ、下端1センチといった具合に野縁材を加工して、面に垂直が出るように打ちつける。同様に梁も、手前と奥にズレが生じているので、これも調整しないといけない。

阪口「新築よりもリフォームの方が面倒くさいっていうのはホントだねえ」

中山「ここでキッチリ、面を出しておかないと、あとでさらに面倒なことになるんだよね……って『面倒』って『面

小屋作りの基礎知識 回り縁(まわりぶち)▶天井と壁の取り合いに取り付ける見切り材

石膏パテで最後の仕上げ

ついでに囲炉裏部屋の壁も。なぜかこの壁だけボロボロはがれ落ちてくるのだ。なんでだろ？

妻壁全面を仕上げるので、足場板を渡した

屋内は下塗り・仕上げ塗り兼用の「石膏パテ」で仕上げた

が倒れる』って書くんだよね。今気づいたけど」

水野「辞書によると当て字らしいですけどね」

下地作業が終わったら、次は石膏ボード張りだ。

阪口「ふっふっふ。今回はヒミツ兵器を持ってきたんだ……じゃーん！　ボードヤスリ！」

中山「なにそれ？　大根おろし？」

阪口「失礼な！　石膏ボードがビミョーにはまらないときは、これでザッと削り落とす。するとホラ！」

水野「すごーい！　ピッタリはまっちゃった！」

阪口「プロはこうやって完璧な仕事をするわけですよ」

中山「大根おろしのくせに、生意気な！」

水野「正確には『おろし金』ですね」

またしても、途中で材料が足りなくなる？

こうして作業はサクサク進み、いよいよ左官作業に突入だ。下塗り上塗り兼用の「石膏パテ」で仕上げるんだが……。

阪口「少なくね？」

水野「あたしが見ても足りないってわかるわよ（失笑）」

中山「おかしいなあ。確か前にパテ塗ったときは、意外と少なくて済んだんだが」

阪口「次のタイル張りも足りなくなるんだよな」

水野「バーカウンターでも！」

非難の目が中山に集中する……。

阪口「まったく……ちゃんと計算しろよな！」

ブツブツいいながら買い足しに出かける阪口であった。

ともあれ、その間に作業を進めておこう。

パテは少ないながらも意外と長持ちで、半分くらい塗り終えても、まだけっこう残っている。ついに切り妻のてっぺんも塗り終え、あとはキッチンの壁を残すのみとなり……なんと！ ピッタリで足りてしまったではないか。

中山「見たか！ オレの目論見通りじゃないか！」

DIYでは、材料は極力ムダが出ないように買いそろえるので、足りなくなる場合が多いわけだが、ピッタリ足りてしまったという珍しい事例であったとさ。

阪口「オレはなんなんだー！」（↑携帯の声）

仕上げ塗りが完了したところで記念写真

梁が壁の中に埋まっていく……という不思議な仕上がり

今回の「やっちまった！」

無数の虫の死骸をそのままに、上から壁を張る！

どうせ見えなくなるんだから、いいんです！

今回かかったお金

胴縁材、野縁材など	1万1920円
石膏ボードビス	1050円
その他ビス	1800円
ファイバーテープ	600円
石膏パテ10キロ	1650円
相じゃくり野地板1坪	4000円
仕上げ手ノコ	1420円
その他釘	2200円
電設部品（コンセント、スイッチ、コネクタ等）	4300円
VFケーブル20メートル	2500円
イケア　ウオールランプ×3	9000円
LEDライトなど	4600円
クリップライト	1800円
ガラスランプシェード＋部品×2	3260円
小計	**5万0100円**
前回までにかかったお金	97万6000円
残金	**－52万6100円**

process 24

キッチンの改修

今回はいろいろと不具合があったキッチンを大改修！　初めてのタイル張りにもチャレンジしたのだが、ああ、今回もやっぱり……

タイルシート。水野の方が表、中山の方が裏である

タイル一枚一枚に接着剤を塗る。まるでケーキ職人のようだ

これがタイル用接着剤。壁にもピタッと張りつく

床と内壁が完成したら、次はキッチン周りのリフォームに移ろう。

まず外に逃がしておいたシンクを運び込む。

水野「このシンク、高すぎるんですけど」

中山「だいたい85㌢が標準らしいんだけど、これは95㌢もあって、顔洗うたびに袖が濡れるんだよね……って自分で作ったんだけど」

阪口「しかも撤去したスノコの高さが加わって、今の高さはなんと104㌢！　あり得ない高さだよ」

どうやら「丈詰め」する必要がありそうだ。

水野「あと天板が油汚れとカビで汚いんですけど……」

中山「ふっふっふ。それはね、ホラ！　裏返すと新品同様なのですよ！」

阪口・水野「おお！　リバーシブル！」

中山「ついでにニス塗ってコーキングすれば完璧さ」

というわけでさっそく実行。

小屋作りの基礎知識　**シンクの高さの求め方**▶快適なシンクの高さは「身長÷2＋5㌢」で求められるそうだ

シート状のタイルを張っていく

タイルシートを壁に張り付ける

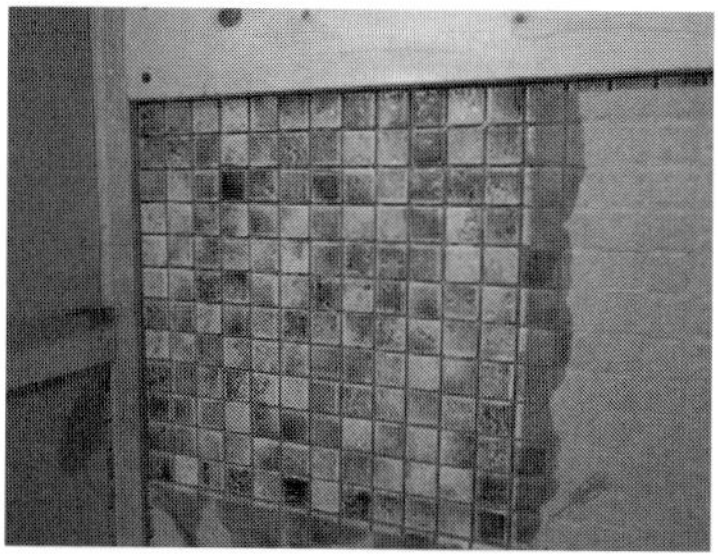
目地がピッタリ統一されて、美しい仕上がり

十分圧着したところで霧吹きで水をかけ、シートをはがす

棚受けを2カ所取り付けた

構造用合板2枚重ねのガスコンロ台を設置

丈は18㌢短くなって86㌢に。天板も裏返して塗装し、見違えるほどキレイになった。

次はメインイベントであるタイル張りなんだが、その前に下地作りをしないといけない。現状が板張りなのを、不燃性の石膏ボードに張り替えるのだ。

中山「前回は『なんちゃってレンガ』で仕上げたんだけど、掃除が大変なんだよね」

阪口「キッチン周りは油汚れを考慮して、ステンレスかタイル仕上げが一般的だよね」

水野「ていうか中山さんが掃除してるの、見たいことないんだけど」

「タイル、足りる？」

以前のレンガ張りでは、セメントの粘度が低くて、レンガがデロデロ垂れてきてひどい目に遭ったので、今回はタイル用接着剤を使用することにした。タイル一枚一枚に接着剤を塗って、

新しく設置した天板にもタイルを張る

目地セメントを、タイルの目地を埋めるように広げていく

全体に塗り終わったら、少し乾燥させて、水を含ませたスポンジで表面を撫でる

ゴムへらみたいなのがあると便利かも

石膏ボードに張り付けていく。

中山「このシートが貼ってあるの、画期的だよね」

水野「目地が均等に張れるから超楽ちん」

全面に張り付けたら、目地セメントを練って、コテでタイル上に薄く広げていく。セメントはあとで拭き取れるから汚れも気にしないで作業できる。

と、そこで、タイルの在庫を確認していた阪口がボソリとひと言。

阪口「タイル、足りる？」

中山「足りるだろ。20シートも注文したんだから」

水野「計算したの？」

中山「しましたよ。失礼な」

そこで残りのタイルシートを数えてみる。

なんと。足りないのである。ざっと数えて2シートぶん足りない。

左官作業は、一度、始めたら完成するまでやめられない。なぜならセメントが硬化する前に作業を終えないといけないからである……だがしかし。今回は、そんなことすら杞憂に終わったのであった。なぜかというと……。

中山「セメントも足りなかったからさ！」

美しい仕上がりに見えるが右端の天板がそのままである。しかも……

タイルの納めのことまで考えてなかったので、このような仕上がりに。しかも４年経ってひび割れが

おお。なんということか。タイルもセメントも、すべてが不足していたのであった。どういう計算をしたのか、自分でもわからないのである。

中山「しかし、ここまで何もかも足りないと、むしろ、すがすがしい気分だよね？」

一同「ちっともすがすがしくないです」

結局どう収めたのかというと、タイル張りにしようと思ってた右側の天板をそのままに。そしたらちょうど足りた。

阪口「足りたっていうのか？」

中山「そういうやりくりを楽しむのもＤＩＹ！」

阪口・水野「あんまり納得できないんですけど」

吊り戸棚の制作だ！

次は吊り戸棚の制作である。

吊り戸棚というのは、キッチン上部についている戸棚のこと。シンク上のデッドスペースを有効に使える便利な戸棚である。

今回は解体した食器棚を流用して、横長の吊り戸棚を制作してみることにした。

阪口「なつかしいねえ。この食器棚、全部ツーバイ材で作っ

吊り戸棚の制作

まず吊り戸棚の底板を置いてみて、水平をチェック

L字金物で壁に固定。再び垂直と水平をチェック

次に側板と天板を組む

仕切り板を入れて、扉を取り付ける。この段階で扉の数が足りないことに気がついた

たんだよなあ」

　そう。ツーバイ材にミゾを穿ち、ワンバイ材を差し込んで木工ボンドで接着するという方法で作ったのだ。今回は扉と側板を再利用することにして、底板は余っていた間柱材3㍍を3枚、タテに張り付けることにした。

またしても作業途中で買い出しに

　天板も余ってるワンバイ材を流用して……って、あれ？

　確かにそこに置いてあった「はず」のワンバイ材が見当たらないのである。本当に存在したのかどうかも怪しいところではあるが……ともあれ『見つからない』のは『ない』のと同じ。再び阪口が車を飛ばしてホームセンターへ。その間、3時間が無駄に過ぎていき……気を取り直して作業再開である。

　まず底板、側板、天板を、水平垂直をとりながら慎重にビス留め。できた棚枠を金物で固定する。さらに仕切り板を組んで、扉を取り付ける。今回は、ほぼ完璧に垂直水平が出ていて、まずまずの完成度だ。

　こうして、ほぼリフォームが完成したキッチン。照明器具などを増設すれば、シャレオツ気分が倍増だ！

「田」の字だった棚が「皿」の字になった。冷蔵庫は移動させ、ガスコンロを奥に設置する。スノコだった床もフローリングに

今回かかったお金

キッチンタイル20	1万2000円
タイル接着剤	1200円
キッチン上部壁用ガラリ内＋外	930円
キッチン用スポットライトなど	4280円
腰板用塗料	1880円
スクレーパー	880円
小計	**2万1170円**
前回までにかかったお金	102万6100円
残金	**－54万7270円**

今回の「やっちまった！」

またしても計算したはずのタイルが足りない！

タイルもセメントも足りなかったので、天板の一部がそのままに。結果オーライ!?

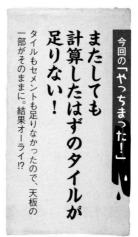

50万円で
小屋が建つ!?

process
25

露天風呂をフツーの風呂にする

冬は極寒の奥多摩で、長らく窓なしの風呂に入っていた。しかしそんな辛さとも今日でお別れ。風呂の全面改装を実施するのだ！

一次リフォーム時と同じ配置で比較してみた。焼き杉のシックな感じが好ましい

キッチンの再リフォームはひとまず置いといて……。

人力山荘の風呂小屋には長らく窓がなかった。理由のひとつは露天の方が気持ちがいいから。しかも湿気のこもった風呂特有のニオイがこもらないですむ。問題点は寒いことと掃除が大変なこと。寒いのはこの際、仕方がないとしても、吹きさらしだと汚れるし、虫がアチコチに巣を作る。掃除嫌いの中山としては面倒で仕方がなかった。

そこで一念発起して窓を入れることにした。じゃあついでに長年の懸案だったシャワーもつけるか。さらについでに床もタイル張りにするかな。だったらドアも新調したいなあ……などとやってるうちに、いつの間にか全面改装することになってしまった。

風呂の全面改装に突入

まずは大掃除である。積もりに積もった塵を拭き取り、浴室全体にカビキラーをぶっかける。ドアを外し、壁板も

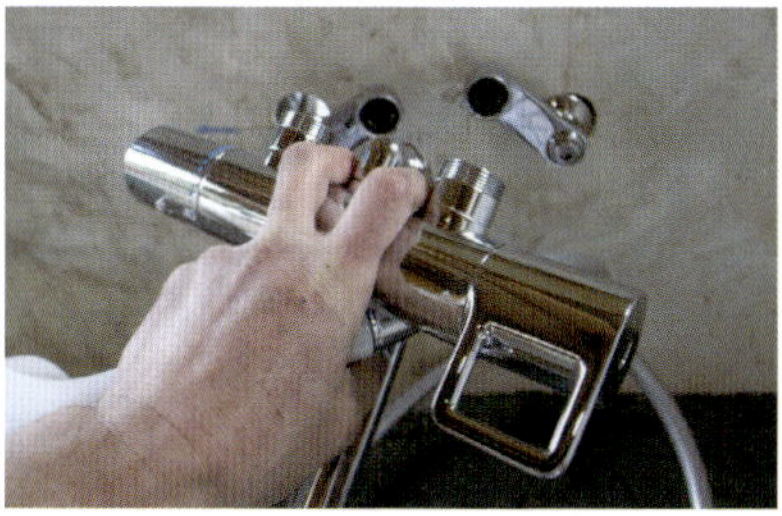
カランの取り付けは、栓が水平になるように固定しないといけないなど、けっこう面倒くさかった

コンクリ直打ちだった床はタイルで仕上げ、温泉風に石の洗い場をつくってみた

ウッドデッキのかさ上げも考慮して、コンクリを立ち上げて框をつくった

すべてはがす。段取りが整ったところで、まずは床のタイル張りから始めることにしよう。

床は、後述するようにウッドデッキ拡張のため、かさ上げする必要があったので、コンクリ2袋ぶんを打った。翌日、まだ硬化しきらないうちにタイル張りを始めたら、コンクリ表面が十分乾いてなくて、接着剤が貼りつかない。ひん曲がったまま硬化したタイルもあって、かなり残念な仕上がりとなった……これがひとつ目の失敗である。

気を取り直してカランを取り付ける。配管工事がしやすいように、径のでかいコンクリ用ドリルを取り寄せ、ハンマードリルでグリグリ穿孔する。満を持してカランを取り付けてみると……なんと、穴がでかすぎてカランがグラグラになってしまった！　これがふたつ目の失敗である。

再度、気を取り直してフレキ管でカランとガス給湯器と連結。給水側も止水栓から壁伝いに延伸させて、説明書通り「逆止弁」なるものを取り付けたうえで給湯器に接続。給湯器本体は凍結防止の水抜きのためカランより上に取り付けた。

窓サッシの取り付けで苦労したのは、小屋自体が傾いているために、サッシ枠がはまらず、3ミリくらい柱を削らな

焼き杉の壁板が黒いので回り縁はあえて白くした

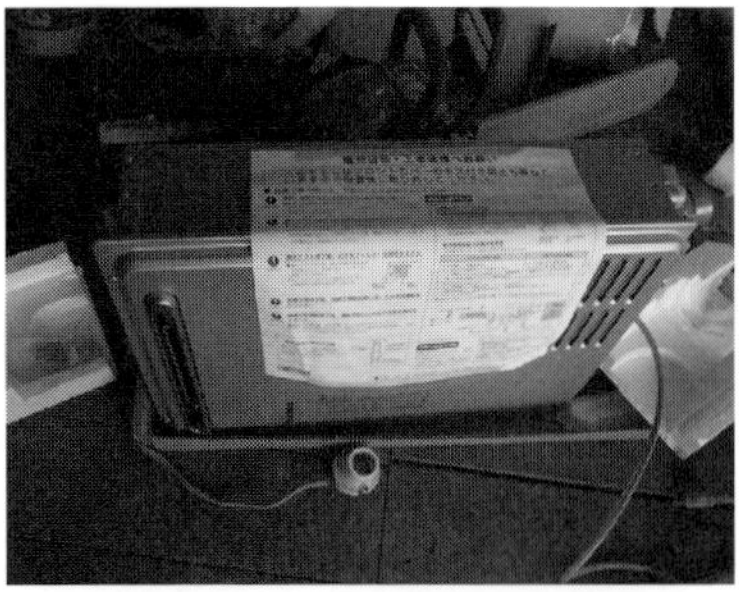

新品の給湯器。都市ガス用とプロパン用があるので注意

凍結防止のため、配管には電熱コイルの上に保温材を巻き付けた

いといけなかったことだ。

中山「実は片方の窓は、いまだにカギがかからないまま放置してあります(汗)」

阪口「この風呂小屋は最初期に建てただけに相当、杜撰な作りだからね。サッシがはまっただけでもありがたいと思わないと」

水野「そんなに歪んでるの?」

中山・阪口「歪んでます!」

ドアを付けて完成!

内壁は悩んだ末に「焼き杉」にしてみた。

相じゃくり野地板の表面を、草焼きバーナーで焦がして耐久性を増す。昔ながらの方法である。炭化した表面はタワシなどでこすって煤を落とし、水拭きした。天井板も同じく焼き杉で仕上げてみた。

意外と面倒だったのがドアの取り付けだった。ネットでドア単体を取り寄せてみたら、なんとドア枠(別売り)とセットでないと取り付けられないことが判明。メーカーに頼み込んで蝶番とハンドルだけ譲ってもらい、柱に切り欠きを入れて、なんとか収めることができた。

今回の「やっちまった!」

カラン用にハンマードリルで開けた穴が大きすぎ!

グラグラしたままだけど、ま、いっか!

この杉、母屋の雨どいに自生してたのを移植したもの

窓サッシは規格品で一番安いのを購入

↗壁内の厚みを利用して作り付け棚をつくった。
⬆奥多摩在住8年にして初めてのシャワー

今回かかったお金

給湯器	2万5980円
サッシ×2	3万0000円
シャワー付混合栓	1万3600円
フレキ管、耐熱塩ビ管、バルブソケットなど	9700円
下地コンクリ	5300円
タイル、排水口皿アミ、石材用接着剤など	1万9000円
草焼きバーナー	5000円
焼き杉用野地板、風呂フタ用など材木	9040円
スタイロホームなど	4260円
ドア	1万4900円
丁番、ドアハンドル	9800円
ガスホースニップル	1090円
ドアハンドル(未使用)	3000円
コンクリドリル	2500円
防水石膏ボード×4	3500円
ロールスクリーン×2	3000円
小計	**15万9670円**
前回までにかかったお金	104万7270円
残金	**−70万6940円**

中山「そしてこんな風になりました! どうよ、この完成度!」

阪口「ぶっ壊してイチから作り直せばよかったのに」

水野「脱衣場はないの? 着替えが大変なんだよね」

中山「……文句ばっかいってんじゃねー!」

process 26

ウッドデッキ拡張と掃き出し窓の取り付け

風呂の改修工事のついでに、長年の懸案だった囲炉裏部屋の出入り口にウッドデッキを延長。掃き出し窓も取り付けたぞ！

AFTER

BEFOREのBEFORE

BEFORE

人力山荘購入時、一次リフォーム時、そして今回のウッドデッキ完成時と並べてみた

風呂と連動して始めたのが、縁側のウッドデッキの拡張工事。縁側から直接、風呂に行けるようにしたかったのだ。

まず既存のデッキを解体するところから始めよう。

中山「ウッドデッキには高くてもステンレスのビスがいいというけど、このときようやく理解したよ」

既設のウッドデッキは普通のコーススレッドで組んでいたんだが、錆び付いてドリルのビットが効かない。ステンだと、外すのが容易なわけだ。

阪口「なるほど。ウッドデッキは定期的に作り直すのが前提なわけだね」

思わぬ苦労をしながらも撤去完了。新たに基礎からやり直す。デッキは同じ高さのまま縁側方面に拡張して、現在の雨戸を撤去して掃き出し窓を取り付ける予定である。

土台の水平を出す

まずは土台の水平出しである。

小屋作りの基礎知識　床束（ゆかつか）▶土台、大引などを支える短い柱のこと。

ウッドデッキを基礎から作り直す①

水平が出るように土台となる材をジャッキアップ

束は全部で7つ入れた。デッキの幅は1200ミリ

風呂小屋入り口のウッドデッキのかさ上げ。バラして基礎から組み直す

土台の高さに揃えた束を沓石に固定する

ウッドデッキの天端から土台の高さを正確に出して、ジャッキで土台の水平をキッチリ出す。これを基準にして沓石を並べ、高さは床束の長さで調節する。これなら沓石の置き方がテキトーでいいから楽ちんだ。

大引との接合はすべて金物で仕上げ、あとはクレオソートをたっぷりと塗れば骨組みの完成だ。

中山「デッキ材はヒノキの2×6材にしました」

阪口「ゼイタクだねえ」

中山「大引が最大で910ミリ飛ばしてるからね。材木同士の接着面は極力少なめにしてみたのよ」

水野「なんで?」

阪口「『水はけがいい=乾燥が早い=長持ち』というわけ」

中山「今回、地味にこだわったのが手すり。天端にビス跡がない仕上がりに挑戦しました」

阪口「これは見た目がキレイだね。どうやったの?」

中山「910ミリ間隔でポストを立てて、それぞれの天端に30ミリ×30ミリの細木を渡す。その上に手すりの2×6材を渡して、下からビス留めしました」

水野「なるほど。一手間かかってるのね」

小屋作りの基礎知識
飛ばす▶柱と柱の間隔を広くとること。例えば「2間飛ばし」は、柱と柱の間隔を3640ミリとすること

ウッドデッキを基礎から作り直す②

大引を入れたところで改めて防腐剤のクレオソートをたっぷりと染みこませる

手すりが完成。しかし微妙にグラグラするので金物で補強した

サッシと床材の取り合いは15ミリ厚の桟木にサンダーをかけて仕上げた

ポストは余ってた90ミリ角材を910ミリにカット。切り欠きをデッキの端にはめてコーチボルトで留めた

掃き出し窓の取り付け

最後に「掃き出し窓」の取り付けである。一般住宅では「4枚建て」が主流だが、あえて「3枚建て」にしてみた。

水野「なにが違うの？」

中山「全開放すると3枚建ての方が広く開くんですよ。でもこれが思わぬ苦労の原因となりまして……」

まず本来が事務所用で、コンクリ土間への施工を想定しているので、普通の「半外付け」と勝手が違って木枠の取り付けに非常に苦労した。次に母屋の基礎がメチャクチャなので、垂直水平をキッチリ出すのが異常に面倒だった。そして最後に、サッシ自体がものすごく重い……施工中に何度もつけたり外したりしたので、体力を消耗した。

中山「しかも室内丸出しだから、夜までに完成させせないとダメだったんでね。一人作業はホントにしんどかったなあ」

阪口「サッシはホントにシンドイよね。ウチのも死ぬほど重くてさ、近所のおじさんに手伝ってもらって、なんとかなったけど、危うく押しつぶされそうになったよ。つまりサッシで圧死しかけたってことで……」

水野「……なにそれ？」

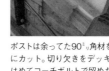

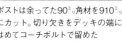

風呂入り口付近の定点撮影。下が購入当初の解体撤去作業中。その下が一時リフォーム完成時。同じTシャツで臨んでみました

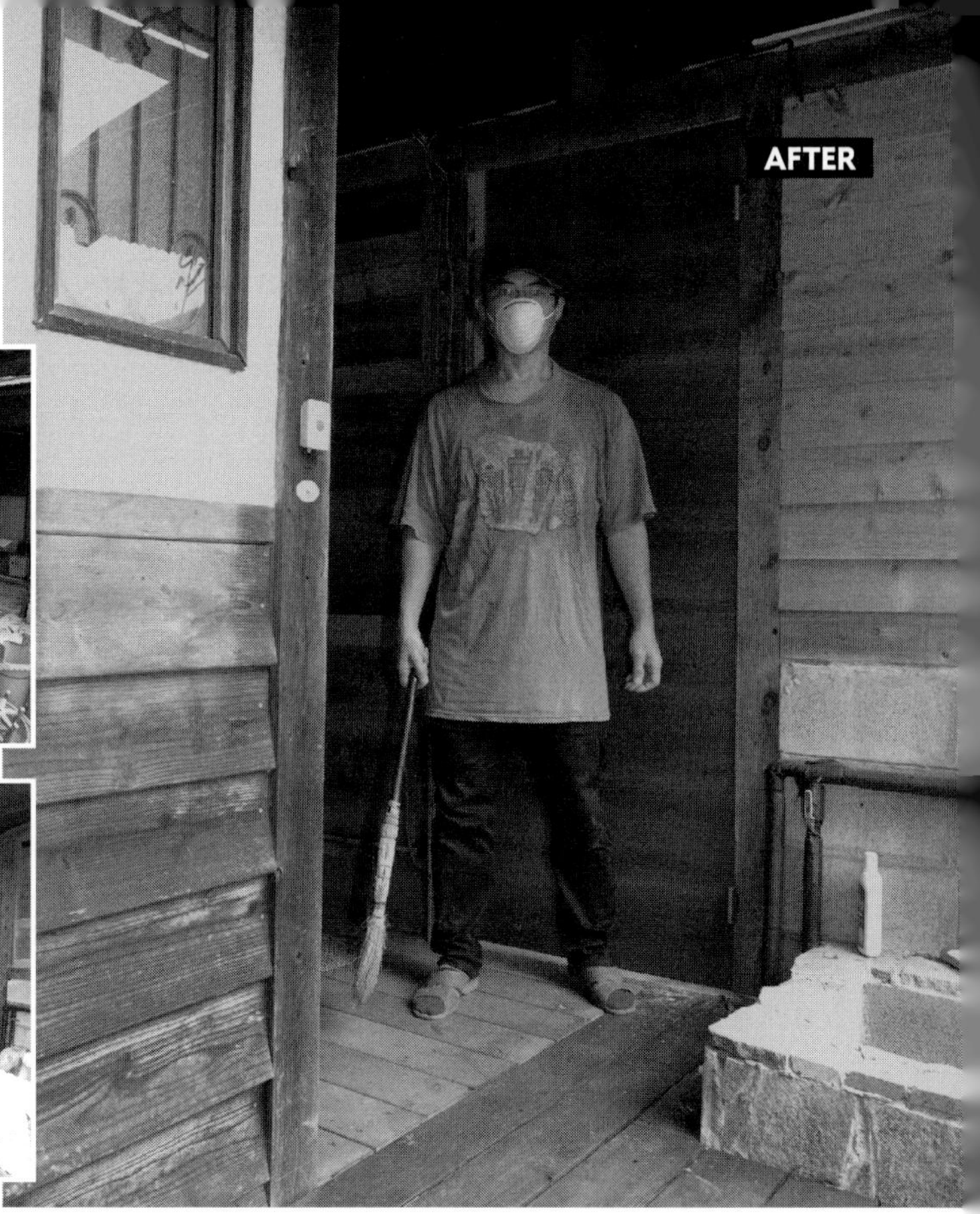

AFTER

BEFOREのBEFORE

BEFORE

中山「……察してやって!」
水野「アンタたち寒すぎ!」

今回の「やっちまった!」

大きな掃き出し窓の重さに大苦労!

誰かに手伝ってもらうべきでした……

今回かかったお金

ヒノキデッキ材38×140×3000　25本	6万2000円
沓石	800円
ステンレスコーススレッド	4580円
金物など	4190円
雨どい、とい受け	3850円
3枚建てアルミサッシ	7万3650円
スポットライト、電球×2	7180円
小計	**15万6250円**
前回までにかかったお金	120万6940円
残金	**−86万3190円**

process 27

バーカウンターを作る！

土間の改修のときにイキオイで壊してしまった囲炉裏部屋とキッチンを仕切る壁。ここをどうするか。実はちゃんと秘策があったのだった！

購入時は掘りごたつに合板の壁だったが、リフォームで漆喰腰板に囲炉裏を復活。そして今回はバーカウンターとゲキレツに変化

外周りの「リフォームのリフォーム」が終わったところで、再びキッチンと囲炉裏部屋の再リフォームに戻ろう。イキオイで壊しちゃった仕切り壁だが、いったいどうやってリカバリーするつもりなのか？

中山「ふっふっふ。すでにアイデアは出来上がっているのだよ……じゃじゃーん！　バーカウンターを作る！」

水野「またバーカウンター!?」

阪口「いったいいくつ作れば気が済むんだ!?」

中山「数えてみると……かれこれ４つ目かな」

水野「そんなに必要？」

中山「必要もなにも、バーカウンターは男のロマンだからね。いくつあってもかまわないのだよ！」

阪口「見せてもらおうじゃないか。男のロマンってやつを！」

まずは天板探しから。当初はホームセンターでタモの集成材を買おうと考えたんだが、２万円近くもするので完全

天板受けの90ミリ角材を2本渡して柱に固定した

見た目は一枚板だが、いわゆる「耳つき材」をいくつか組み合わせているのだ

「ダボマーカー」登場！

片面に穴を開け、ダボマーカーをはめて合わせ叩くと印がつく。そこに穴を開け、ダボを差してボンドで圧着

に予算オーバー。そこで目をつけたのが、縁の下でホコリを被っていた端材の山である。引っ張り出してみると、厚さ80ミリもある1間ものの一枚板が、何枚もあるじゃないか。これを組み合わせれば、幅600ミリ、長さ2400ミリの「なんちゃって一枚板」ができるに違いない。

　さっそくグラインダで研磨してキレイに水拭きする。すっかり褪色していた表面がピカピカに甦った。

　この中から、状態のいいのを5枚ツギハギして、天板を制作することにしたんだが、ここで活躍したのが「ダボマーカー」である。

中山「ダボを噛ませて強度アップ。さらに互いの接着面ピッタリの位置にダボ穴を開けられるのが特長です」

阪口「最近は『ビスケット・ジョイント』なんていう便利な方法もありますよ」

　さっそくダボを使って天板を張り合わせてみた……が、それでも1ミリ程度の誤差が生じてしまう。そんなときはグラインダだ。継ぎ合わせを研磨すると、滑らかな手触りになる。ついでに表面の汚れも削り落としてくれるので、さしずめ「DIYにおける消しゴム」みたいなもんである。こうして「なんちゃって一枚板」が仕上がっていった。

小屋作りの基礎知識　**耳つき材**▶樹木の表皮が残っている材のこと。味わい深いものが多い

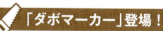

廃材でバーカウンターを作る

柱の位置に切り欠きを入れ、天端を固定する

自在錐で100ミリ径の穴を3つ開け、スポットライトを仕込む

反対側も固定。段差は電動カンナとグラインダでキレイに均す

完成。明るさも適度でいい感じ

次は受け材だが、これも縁の下の90ミリ角材を引っ張り出してきて流用した。見えない部分なのでサンダー等でキレイにする必要もない。そのまま横に渡して水平を出し、コーチボルトで柱にガッチリ固定する。この2本の受材の上に天板を載せて固定するわけだが……ここで難題に突き当たった。天然木の宿命である「反り」が判明したのである。

中山「置いてみたら左右に大きくねじれててさ。ピッタリ水平に固定するには、ビス留めじゃ圧着強度が弱すぎるんで、悩んだ末に、天板表面に頭が突き出すのを覚悟でコーチボルトで締めつけることにしたんだけど、今度は反対側が浮き上がってきて……結局3カ所でボルト締めすることになっちゃった(泣)」

現在も座金の穴にゴミが溜まるなど、悔やまれる仕上がりとなっているんだが、ともあれ……。天板同士の隙間にはパテを塗り込んで、全体にチーク色に塗装。柱との取り合いも最大3ミリ程度の隙間で収まったので、全体としてはまずまずの仕上がりとなった。

コダワリのダウンライト

照明設備については少々コダワリがあった。

小屋作りの基礎知識　**コーチボルト**▶六角ボルトにネジの要素を組み込んだもの。木ねじの強力版だ

バーの証し、酒棚を作る

下地は構造用合板。見切り兼棚受け材を左右に固定

最後に酒棚の完成だ。1本だけ残った貫は、もちろん生かしておいた

側板の切り欠きに棚板をさしこみ、隠し釘で固定。背部は薄ピンクの珪藻土で仕上げ。酒瓶の転倒防止に「転び止め」を取り付けた

中山「じゃじゃーん！　ダウンライトでムーディーな雰囲気を醸し出す！」
阪口「おお！　これは新しい試みだ！」
バーカウンターをオシャレに演出する必須アイテム、それがダウンライトだ。
さっそくホームセンターで3器購入。余ってる野地板にサンダーをかけてキレイにしたものに3カ所、直径100ミリの穴を開ける。そしてバーカウンターの天井に取り付け、ダウンライトを埋め込む。配電工事も終わって、さあ、満を持して点灯だ。
スイッチを入れると、闇に沈んでいたバーカウンターが、まばゆいばかりの光の中に浮かび上がった！
一同「おお！　ムーディー！」

バーといったら「酒棚」

しかしバーカウンターにかける中山の情熱は、これだけでは終わらない。もうひとつのコダワリ。それは……。

中山「作り付けの酒棚を作る！」

バーカウンターといえばズラリと並んだ酒瓶。これがないと「バー的雰囲気」も半減というものだ。

酒屋で大量の酒を購入

縁側をバックに。都内のこじゃれたカフェのような佇まい

阪口「じゃあここにスコッチとかバーボンの酒瓶がズラーッと並ぶのか!?」
中山「その通りだ!!」
阪口「よし！　撮影はもういい！」

カメラを放りだしてインパクトドライバを握りしめる飲んべえの阪口である。

壁材は、貫をぶった切ってしまったので、耐震補強も兼ねて構造用合板とした。肝心の棚板も、もちろん縁の下の端材である。ここまで来たら、とことん廃材利用なのである。引っ張り出してきた古材をグラインダで研磨&塗装して、上下2段の棚板とした。左右の棚受け材も縁の下から調達。切り欠きを入れて棚板を差し込んでみたが、それだけだと弱そうなので、モールディング加工した回り縁を買ってきて隠し釘で取り付けてみた。しかしそれでも弱かったみたいで、経年とともに徐々に下がってきたのが心残りではあるんだが……。

中山「そうそう、それとね。どうしても取り付けてみたかったのが、ワイングラス吊すヤツ」
阪口・水野「あー、あれね！　わかるわかる！」
中山「わかるでしょ？　この気持ち。そんでさっそく取り

小屋作りの基礎知識　**モールディング**▶西洋の家具や調度品などに施されている装飾のこと

今回の「やっちまった！」

かれこれ4つ目のバーカウンターを作る！

男のロマンだからいいの！

付けてみたんだけど。この間、頭ぶつけて、いっぺんに3つも割っちゃった」

水野「危ないでしょ！」

棚の背部は漆喰で仕上げ、ステン製の「転び止め」を取り付け、スポットライトを移設してライトアップ。

こうして酒棚およびバーカウンターは竣工したが……。

阪口「肝心の酒が並んでないと寂しいなあ」

中山「よし！　酒買いに行くぞ！　酒！」

さっそく山を下りて、市内の量販店でスコッチやらバーボンやらウオッカやらを、手当たり次第に購入。山に戻って棚に並べてみる……おお！　ムーディーな大人の雰囲気を演出する、シャレオツバーカウンターの完成だ！

阪口「赤坂あたりのショットバーみたいじゃないか！」

水野「人力山荘とは思えない仕上がり！」

中山「祝杯だ！　祝杯上げるぞ！」

阪口「じゃあ一番高い『竹鶴』の12年モノを……」

中山「それはダメだ！　トリスにしろトリス！」

阪口・水野「……ケチ！」

今回かかったお金

バーカウンターダウンライト×3	5670円
スポットライトレール増設	3800円
LEDレフ球1280円×5	6400円
フリー円形穴開けドリルビット	3580円
洋風回り縁3メートル	2200円
酒棚用ステンパイプ、ゲンコツ、ステンビスなど	5550円
棚受け×6	3340円
オイルステイン塗料レッドオーク×2	4000円
塗料剥離剤	1300円
ダボマーカー 8ミリ、10ミリ	1100円
酒	2万6000円
小計	**6万2940円**
前回までにかかったお金	136万3190円
残金	**−92万6130円**

小屋作りの基礎知識　**転び止め**▶棚からものが落ちるのを防ぐために横に渡した通し棒のこと

process 28

「生ビールサーバーワゴン」を作る!

きっかけは数年前にタダで手に入れたビールサーバーだった。最後にこれを活用して、自宅で生ビールを飲む。有終の美を飾れるのか!?

サーバーを洗浄する。この頃は洗浄タンクがなかったので水道直結だった

サーバーは水冷式。内部の銅製の細いコイルを伝って冷やされる仕組みである

完成した「タワゴン」で生ビールを味わう

そもそもの発端は、数年前に古道具屋で仕入れた一台の中古サーバーであった。「部品もついてないし、何年も使ってないから」と、店のオジサンがオマケでくれたのである。自宅に持ち帰り、半信半疑で電源を入れてみる……問題なく稼働した。

それ以来、まめにヤフオクをチェックして足りない部品をひとつひとつ落札していった。炭酸ボンベと圧力調整弁は、近所の中古厨房用品店で格安で揃えた。生樽の規格が、キリンとその他(アサヒ、サッポロ、サントリー)で違うことも、このとき知った。

すべての部品をそろえるのに1年あまり。ついに生樽をセットするときが来た。

おもむろにレバーを倒す。

最初に出てきたのは洗浄水だった。そのうちそれは白く濁り始める。泡の密度は徐々に濃くなっていき、ついに、あの光り輝く黄金水が、あふれるがごとくに流れ落ち始め

サーバーワゴンを作る①

1 一枚板を2枚に割って、ダボで圧着して天板をつくった

2 「角クランプ」で野縁材の骨組みを固定してビス留め

3 天板受け、側板受け等の部品をそれぞれ作成

4 引き出しとなる部材も作っておく

た……自宅で味わう初めての生ビールは、すがすがしい余韻を残して、胃の腑に深く落ちていったのであった。

　しかし。人の夢とは常に儚いものである。幸福もいずれは惰性の極みの中に朽ち果てていく運命にある……そこで新しいミッションを自らに課した。

　都内のシャレオツバーで見かける、金属製のビールコック。業界では「ドラフトタワー」といわれるものだ。銀色に輝くあのコックを倒して、芳醇な黄金の液体を、思うがままに味わいたい。ついでに無粋なサーバー本体も隠してしまいたい……そうだ。キャスター付きワゴンにでも格納できれば、なおいい。名前はすでに決めてある。

「ドラフトタワー付き生ビールサーバーワゴン」。

　略して「タワゴン」。

阪口「別に略さなくていいから」

水野「ハードボイルドな導入止めて！　キモイ！」

中山「まあホラ、男のロマンを演出したかったわけですよ」

水野「また男のロマン……」

阪口「いや！　これはまさに男のロマンですよ！」

水野「……オマエもかよ！」

サーバーワゴンを作る②

レールを取り付けて、引き出しを全開できるようにする

全体を組み上げて骨組みが完成

背面には通気性を考慮して有孔ボードをとりつける

ひっくり返してキャスターを取り付け、可動式にした

まずはワゴンの制作だ

さっそく作業に入ろう。

まずは余ってた野縁材で枠を作る。この時に初めて導入したのが「角クランプ」だ。角部に締め付けてビス打ちすれば、カッチリ直角に仕上がるというスグレモノである。

野縁材を組み合わせて直方体を作ったら、次は底部の引き出しの作成だ。左右ひと組のレールを壁面に取り付けるんだが、引き出す長さと負荷重量によって、いくつも種類がある。サーバー本体に冷却水10リットルを溜め込むと総重量は30キロにもなるので、一番頑丈なのを買った。これを左右に取り付けてみる。

水野「引き出しは必要なの?」

中山「冷却水を給排水するのに便利かなと思ったんだけど、ほとんど交換しないから使わないですね。それより炭酸ガスボンベの引き出しの方がよく使います」

観音開きの扉を作る

次は扉の作成だ。

必然的に「観音開き」となるが、意匠にこだわるならア

扉は構造用合板にモールディング材を取り付けて、見栄えをよくした

こんな感じで、「なんちゃってアンティーク」な仕上がり

しかし扉が予想外に厚くなってしまい、このあと引き出しを修正することに……

最後はマホガニーに塗装してみた

ンティーク調にしたい。そこで買ってきたのが、前項でも登場した「モールディング材」である。試しにこれを扉の前面、四辺を囲むように取り付けてみた。すると……おお。まさに『なんちゃってアンティーク扉』に生まれ変わったではないか。こんなにうまくいくとは思わなかった。さっそく本体に取り付けてみる。意気揚々とスライド蝶番で開閉させる。想定通りの仕上がりである。しかし……。

中山「引き出しが引き出せない！」

どうやらモーディング材をつけたせいで扉の厚みが増したぶん、開き角度が狭くなり、引き出しに干渉してしまうのだ。結局、一度分解して、引き出しの幅を小さくすることに……。

中山「しかしさ、『引き出せない引き出し』って、『引き出し』じゃなくて『引き出せない』だよね？」

水野「限りなくどうでもいいんですけど」

気を取り直して作業の続き。

背部はサーバーの排熱換気を考えて、穿孔ボードにしてみた。またワゴンだけに取っ手がないと……ということでステンレス製の取っ手を取り付ける。ついでにビールジョッキの落下を防ぐための「転び止め」を設置。

ドラフトタワーを取り付ける

取っ手を取り付けたところ。内部はこんな感じ

ドラフトタワーの位置を慎重に確認。しかし頭の寝ぐせがひどい

4カ所に穴を開けて下側からナットで固定する仕組みだ

本体に接続！
これで準備完了だったんだが……

ドラフトタワーの取り付け

　そして最後の難関、「ドラフトタワー」の取り付けだ。タワーの位置、方向を十分確認して、思い切って4カ所、天板に穴を開ける。タワー本体を設置したら、ホースをサーバー本体に接続し保温材を巻き付ける。ボンベ、生樽等を取り付ければ完成である。こうして想定通り、すべてキレイに格納された……はずなのに！　サーバーに付属部品を取り付けたら、奥行きが足りず、ドアが閉まらなくなってしまった！　……しかしこれは「排水トレー」を外せばなんとかなる。もう一つ、致命的な欠陥が判明したのは、サーバーに水を注入した直後のことであった。なんと！　ワゴン本体よりもサーバーの方が重くなって、ワゴンが前のめりに倒れてしまったのである！

阪口「最後の最後でやらかしたねえ（笑）」

水野「ネタが尽きない人力社です！」

中山「まあ、サーバーを引き出さなければ問題ないってことで……」

　おお、なんということか。

「引き出せない引き出し」が現実のものとなってしまった

今回の「やっちまった！」

サーバーの引き出しを出して注水すると、傾く！

サーバーの引き出しは「引き出さない」ことにした！

ヤフオクを活用してドラフトタワーを入手！

ドラフトタワーは業務用で、新品だと3万円～十数万円もする。ヤフオクでも中古で1～3万円程度。さらにサーバーに取り付ける部品が別に必要だ。

またクランプ留めするタイプが主流で、探していた「カウンター穴あけ設置タイプ」がなかなか見つからない……あれこれと迷っているうちに、ついに「これは！」というのを見つけた。しかし出品時で1万円だったのが、ギリギリになってどんどん吊り上がり、結局1万9600円で落札した。うーむ。高かったのか安かったのか……。

サーバーに水を注入する。この直後、ワゴンが前にのめって周囲が水浸しに！（緊急事態のため現場写真は撮れず）

生ビールを注いでみる。感無量。いうことなし

今回かかったお金

ドラフトタワー＋送料	2万1100円（1万9600＋1300円）
生ビールガスボンベ＋ガスホース＋樽取り付け金具	5400円
扉用合板	2500円
扉装飾用回り縁×2	1750円
有孔ボード	1560円
引き出し用スライドレール×2	2000円
スライド蝶番×4	1430円
キャスター×4	2000円
ハンドル、ステンパイプ、ゲンコツ×2	2000円
転び止め一式	2000円
アンティーク木版×2	5500円
小計	**4万7240円**
前回までにかかったお金	142万6130円
残金	**－97万3370円**

のである!!

というわけで、なんとか完成にこぎ着けた「タワゴン」であった。

田舎暮らしの「理想」と「想定外」

理想の田舎暮らし……といわれても、特に大きな志を持って奥多摩に移住したわけでもないので、ギャップを感じることもなかったんだが、それでも「想定外」はいくつかあった。ここでは、そんな「理想」と「想定外」をまとめてみよう。

プロパンガスが途中でなくなる

名前の通り「都市ガス」というのは都市市民のためのガスで、田舎はすべからくプロパンである。この契約には二通りある。ひとつ目はなくなる頃に自動的に取り替えてくれるタイプ。この場合、基本料金が発生して高くつく。もうひとつは、なくなってから取り替えるタイプ。この方が安い。当然拙宅は2番目である。なので残り少なくなるとハラハラしながらガスを使うことになる。今のところ「シャンプーの途中で悲鳴を上げる」等の悲劇に見舞われたことはない。ちなみにガスの充填量は毎回、驚くほど違う。

ボンベは1万2000円。6年ごとの定期検査で数千円かかる

便所が遠い

筆者は普段、別棟のアネックスで寝起きしている。トイレは母屋に1カ所あるだけなので、土砂降りの日はずぶ濡れに……そこでいちいち行くのが面倒になり、その辺に立ち小便することが多くなった（これは想定内）。一番頻度が高いのが玄関横の杉の木。そういえば最近、生長が早い気がする。

母屋のトイレに行く手前にある杉の木ですませてしまう……

インターネットの問題

ルーター等の機器はプラボックスに格納して屋外に設置。4年経過

仕事上、ネット環境は死活的に重要である。拙宅にも光回線が来ている。だがしかし。肝心のLANケーブルをアネックスに敷き込むのを忘れてしまった。でも大丈夫。無線LANがあるじゃないか。しかし電波が微弱すぎ……仕方ないからウッドデッキの、もっとも雨が当たらない場所（従って屋外）にルーターを設置してみた。大丈夫なのか？　一方でいい方に想定外だったのは、周りがご年配ばかりで光回線を使わないこと。競合しないので、ものすごく速い。ネット環境は都心より良好である。

露天風呂

一番最初に作ったのが五右衛門風呂。薪で焚きつけるので面倒くさいが、冷めにくく、夏なんか翌日も入れる。景色も最高。ただし熟練しないと、写真のような情けない事態に……（汗）

薪をケチったときに、このような状況となる

災害に強い！

東日本大震災以降、注目されているが、田舎は災害にめっぽう強い。例えば拙宅の場合。風呂は薪風呂。ガスはプロパン。水も大丈夫。スーパーが遠いから基本的に買いだめ。2〜3週間はへっちゃらである。数年前の大雪の時、拙宅のある集落は一週間、交通途絶したが、困ってる人は一人もいなかった。これは特筆すべき事だと思う。

雪崩で電柱が折れたが、電気が途絶しなかったのは幸いだった

大雪

屋根の雪がウッドデッキに雪崩れてきた。雨どい等が損傷

数年前の大雪は今でも語り草である。筆者は帰宅困難者となったが、かといってネコがいるので帰らねばならず、友人のかんじきを借りて、1時間以上かけて拙宅に辿り着いた。こういうことは滅多にないと信じたい。

花粉症

山から沸き立つようなスギ花粉

奥多摩は材木の産地だけに杉林だらけである。春になると、きな粉みたいなのが一面に積もる。すげーこれ全部花粉かよ。しかし意外にも症状は改善した。原因は、都心と比べてアレルゲンが少ないせいか？（単に麻痺しただけ?）

ムカデ、カメムシ

初めて人力山荘を見学に来た時、驚愕したのが畳の上に散らばった数百匹のカメムシの死骸。そしてあの臭い。そういえば奥多摩に住んでからコリアンダーが苦手になった。一方のムカデは、一度寝ている時に脇腹を通過したことがあり、見つけたら即殺すことにしている。

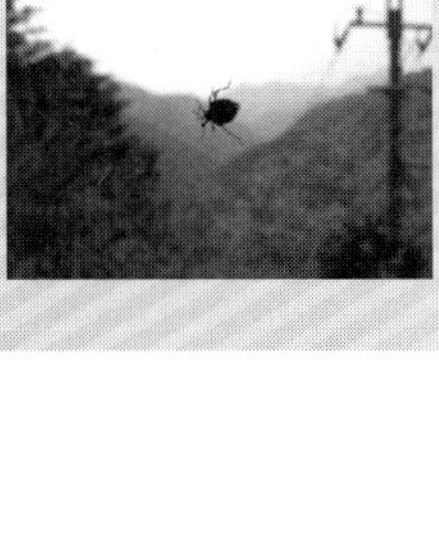

春になると一斉に出てくる

動物とのふれあい

サル、シカ、タヌキ、キツネ、ハクビシン、ムササビ、アナグマ、そしてついにツキノワグマが出現したことで、拙宅の「リアルポケモン」は出揃った。この原稿を書いている晩も、ウッドデッキをアナグマがのんびりと歩いてたし、先日は「奥多摩猿軍団」の襲撃を受け、柚子の木が丸裸になった。シカなんて珍しくもない。まったくサファリパークに住んでるようなもんである。

サル軍団が来ると柚子の木が丸裸になる

古民家は寒い！

とにかく寒いのである。「実家の方が寒いだろ」（筆者は北海道出身）とよくいわれるが、そんなことはナイ。北海道の住宅では「どでかいストーブ」が24時間稼働している。家の中は半袖でOK。それと比較して東京の寒さは、骨身に凍みる寒さである。しかも古民家の場合、逃げ場がない。高気密高断熱のアネックスを建てて心からよかったと思っている。

昨年の冬は初めてマイナス10℃を記録した

田舎暮らし実現のアドバイス

アドバイスというほどのことはないんですが……移住するなら早い方がいいです。身体が元気なうちにひと通り経験しておくと老後が楽だし、知人も増えるから。

ストレスフリーの生活

田舎暮らしで一番よいことは、端的にいって「好き勝手できること」。音楽大音量OK。深夜の洗濯OK。ペットOK。BBQやり放題。広い土地に広い家。都市部と比べて制約が圧倒的に緩い。ストレスフリーな生活が送れることが一番の利点だと思う。

都心に住んでるときより旧友と会う機会が増えた

そして、完成度チェック！

師匠である奥多摩の棟梁・清水文治さんに、完成した人力山荘アネックスの出来映えをチェックしてもらった！

青梅市で工務店を営む
棟梁・清水文治さん（左）。

外壁

清水「ボコボコだなあ。下地は塗ったの？」
中山「石膏プラスターを一応」
清水「15ミリ厚で塗らねえとダメだぞ」
阪口「確か5ミリくらいだったよね？」
清水「……20年もたねえな」
中山「ガーン！」
阪口「それだけもてば十分じゃないの？」
中山「だってすでにヒビが！（泣）」

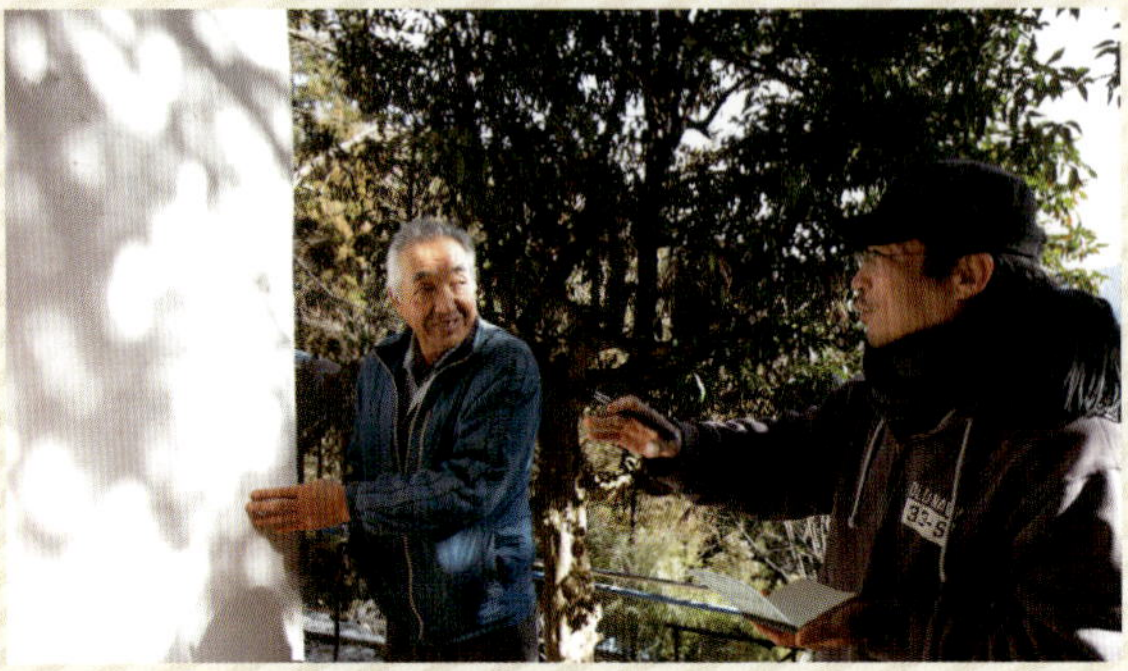

サッシ窓

清水「サッシはいいんじゃねえの？　漆喰は掃除すれば落ちるから」
中山「ちゃんと防水テープも貼ってます！」

土留め

阪口「懸案の土留めですが」
清水「…… 芳しくねえな」
中山「やっぱり!」
清水「排水をキチンとしとかねえと土台が腐ってくるな。それと草を生やしといた方がいいな」
阪口「根を張るから土が崩れてこないわけですな」

屋根

清水「アスファルトシングルの屋根はオススメしねえな。7 ～ 8年でコケが生えてくるから、掃除しねえとな」

乱張り

清水「いいじゃんかよ」
中山「おお! これは高評価だ」

骨組み

清水「上達したねえ」
中山「おっほっほ!」(←ご満悦)
清水「梁は太い方が地震にも強いからな」

階段

清水「考えてんなあ。たいしたもんだよ。でも手すりつけねえと危ねえな」
中山「寝ぼけてる時なんか、滑落しそうになるんですよねー」

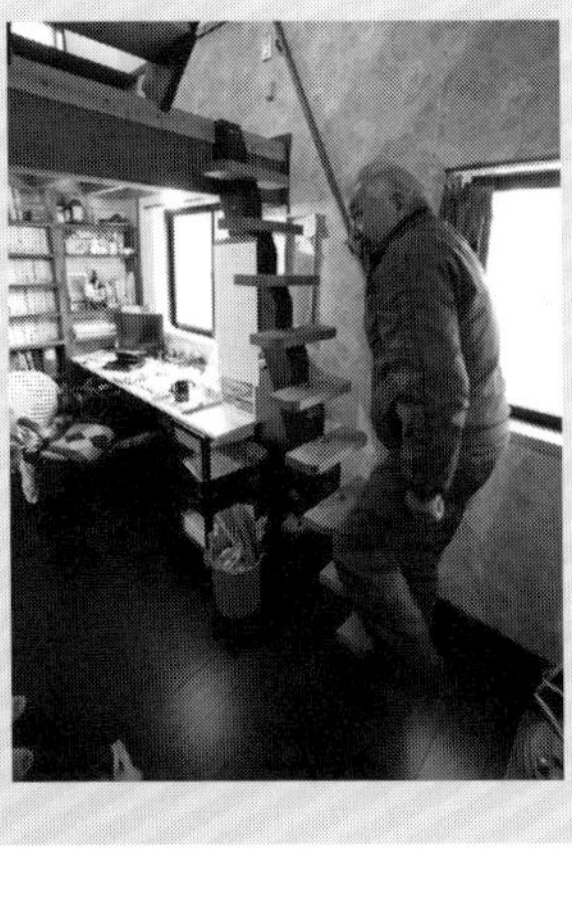

玄関ドア

清水「いいじゃんかよ」
中山「このステンドグラス、自分ではめたんです!」
清水「やるじゃんかよ」
中山「おっほっほ!」(←再びご満悦)
阪口「しかし梅雨時になると、途端に建て付けが悪くなるという……」

内装

中山「どうすか、この壁紙！」
清水「いいんじゃねえの？　でもお金もらうんじゃ問題起きるわな」
阪口「模様が合ってないんだよね」
中山「この本棚、本の自重で載っかってるだけなんですよ」
清水「いいアイデアだな」
中山「この飾り棚も自分で作ったんです！ルーターで削ったんですよ！」（←力説する）
清水「……やるじゃんよ」
中山「おっほっほ！」（←再再度ご満悦！）
清水「プロがやると細かいところに差が出てくるんだよ。たとえばこの巾木。これだと突きつけだけど、プロは斜めにカットするんだ」
中山「やはり神は細部に宿るんですね」

総評

阪口「では全体の講評をお願いします！」
清水「結露が問題だな。換気して熱を逃がすことだな。あとは……まあ、いいんじゃないの？」
中山「では点数をつけるとすれば!?」
清水「シロウトとしては、70 ～ 80点あげてもいいんじゃねえの？　プロとしては50点くらいかな。まだまだお客さんには納品できるレベルじゃあねえな」

中山・阪口
「いただきました！80点!!」

天井

清水「合板が歪んでるなあ。カビ生えてるし」
中山「工期が遅れて二カ月ほど雨ざらしだったもんで……」
清水「断熱材はなんなの？」
中山「グラスウールですけど」
清水「結露するかもしれねえな」
阪口「屋根換気は重要なんですよねー」
清水「そこの隙間からポタポタ垂れてくるかもな」
中山「そういえば寝てると、たまにフト顔に冷たい感触があったりするんですが、アレはもしかして……（汗）」

人力社の面々、セルフビルドを大いに語る

水野「ここでは、人力社のみなさんにセルフビルドについて語ってもらいましょう」
阪口「素朴な疑問なんだが、果たして参考になるのかな?」
和田「反面教師にはなりそうだけどね」
中山「我々の収入にはなる」
阪口・和田「そこかよ!」

水野「まずはセルフビルドの利点を聞いてみましょう」
和田「カネがかからないこと!」
阪口「せこいなあ(失笑)」
和田「廃材を使えば、とにかく安く家が建つ」
水野「どうやって廃材もらうの?」
和田「最初は薪もらおうと思って近所に聞いて回ってたら、そのうち解体した廃材ももらえるようになって。いまは家一軒、十分建つくらい集まったよ」
中山「でも古釘抜くの大変じゃね?」

和田「それはあるね。でもタダだし」
阪口「労働力をカネで計算しないのは、おかしいと思うんだがなあ……」
水野「阪口さんは?」
阪口「ウチの場合は納得いくまで時間かけて建てられるってことかな」
中山・和田「オマエの場合は時間かけ過ぎだろ!」
水野「地鎮祭、いつやったっけ?」
阪口「9年前の春だったかなー?」
中山「引っ越しは?」
阪口「3年前だね」
和田「ってことは、建築に6年かよ!!」
阪口「まあでもクオリティの高さはウチが一番でしょう。なにしろ住宅金融支援機構の仕様書に準拠してますから」
和田「そこなんだよね。そこまで完璧さを求めて楽しいか?」

阪口「楽しいよ」

水野「……見解の相違ですね」

中山「オレは、あんまり楽しくないなあ。強迫的になりすぎると作業自体が楽しめない気がする」

和田「私も楽しくない。適度にいい加減でいいんだよ。セルフビルドなんだし」

中山「オマエの場合はアバウトすぎだろ」

阪口・和田・水野「オマエがいうな！」

セルフビルドを始めたきっかけ

水野「そもそもセルフビルドを始めたきっかけは？」

和田「海外放浪してて、途上国の人が自分で家建ててるの見て、オレもやりたいなと」

阪口「ログハウス本を肴に酒飲んだのがきっかけかな」

中山「学生の頃に、創刊間もない雑誌『田舎ぐらしの本』を読んで、あまりに安い物件に夢を膨らませたのが原体験としてありますね」

水野「物件についてなんですが、セルフビルドに適した土地ってある？」

和田「ホームセンター（以下ＨＣ）に近いこと」

阪口「道路付きがいいこと」

中山「土地が平たいこと」

水野「みんな人力山荘が反面教師みたい（笑）」

中山「ウチの場合、まず平地を作ることから始まるからね」

和田「なんていっても土木工事が一番ツライ」

阪口「土地は広い方がいいね。重機が入ったり資材が置けるスペースはほしいな。あとね、古くてもいいから家付き物件がいいね。通いだと、大工道具とか資材とか、いちいち片付けるのが面倒なんだよ」

和田「確かに住みながら建てられるのはラクだよね。トイレの心配もないし」

水野「和田さんのところはトイレなかったんでしょ？」

和田「近くのコンビニで借りてました。だから最初に作ったのはトイレ、次に風呂とキッチン。水回りは重要だよ」

セルフビルドに向く人とは

水野「じゃあ、セルフビルドに向いてる人ってどんな人？」

和田「自由業の人かな。陶芸家、画家、庭師とか。かつてヒッピーとかバックパッカーだった人って多いよね」

中山「カネはないけど時間はあるってところで共通するね(笑)」

和田「あと、田舎暮らしでもそうだけど、人付き合いのいい人ね。地元との関係って重要」

阪口「それはあるね。ウチも地元の土建屋さんとか石材屋さんと仲良くなって、よくしてもらいました」

中山「人力山荘でも、棟梁の清水さんにいろいろ教えてもらったよね」

阪口「HCは安いけど、そういう人脈があると、大量に仕入れる場合なんかは、かなり安くしてくれます」

水野「資材はどこで仕入れるの?」

中山「木材の発注は地元の材木屋さん。品質もいいし、運んでくれるし」

阪口「HCが多いけど、金物などを大量買いするときはネットが便利。建築資材専用のサイトもあります」

和田「電動工具もヤフオクだね」

阪口「そうそう。ヤフオクは使えるね。中古のユンボ買って、要らなくなったら売り飛ばすとか」

中山「電動工具は中古がいいね。プレカット(加工済み木材)が増えてるから、程度のいい中古がどんどん売りに出てる」

阪口「HCの新品の安モノよりも、グレードの高いメーカーものの中古がオススメです」

和田「すべからく工具は、高いものを買いましょう」

中山「とかいって、みんな、安物買って壊れて買い直してのを、3回くらい繰り返してるんだけど(笑)」

セルフビルドのコツ

水野「セルフビルドのコツみたいなのって、ある?」

中山「まずは4畳半くらいの小屋を建ててみることをオススメしますね」

和田「一軒建てると家の構造がよくわかるよね。あとはその応用」

阪口「木造住宅の建築工法って大きく三つあるんだよね。在来工法、2×4工法、丸太組工法」

中山「オレは在来しかやったことないからわかんないけど、継ぎ手とか面倒くさい。精度が求められるし」
阪口「2×4工法はラクらしいよ。構造用合板にツーバイ材で枠作ってビスで留めていけばいいんだから。しかも安上がりだし」
中山「要するに間柱とコンパネだけで組み上げるんだな」
水野「ログハウスはどう?」
阪口「ログならキットでしょ。ハンドカットのログも人気だけど、初心者には厳しいかもね」
和田「安い順なら、ツーバイ>在来>キットログ、難易度なら易しい順に、キットログ>ツーバイ>在来かな」
中山「うーむ、歩が悪いなあ、在来は(笑)」
水野「ハーフビルドってどうなの?」
中山「最初だけ大工さんと一緒に建てるのは、確かに勉強になるね」
阪口「基礎は難しい。ウチは基礎だけ業者に頼みました」
和田「セルフビルドで基礎までやるなら独立基礎が手っ取り早いけどね」
中山「やって布基礎までかな。ベタ基礎になるとコンクリの量が半端じゃないので手練りでは不可能だよ」

阪口「屋根までプロに作ってもらって壁と内装を自分でやるのも手だね」
中山「棟上げの感動がないのは残念だが」
阪口「棟上げといえば、ウチの柱に『祝! 棟上げ 立合人・中山』っていう誰かのサインがあるんだけど」
和田「ウチなんか『祝』の字を間違えて『税』になっちゃった」
水野「リテラシーの低いライターって、どうなのよ!?」

セルフビルド格言

水野「最後に、それぞれの『セルフビルド格言』を」
和田「やめなければ家は建つ! 途中で諦めないで、最後までやり抜くことが大事です」
阪口「やるなら1秒でも早く始めましょう。体力的にキツイので、定年前に始めることをオススメします」
中山「過程を楽しもうってことかな。オレの場合は完成度よりも作業自体が楽しければOK。大工仕事のあとのビールは最高です」
水野「二日酔いで翌日、起きてこないのはナシね」
中山「うぐ……気をつけます」(終)

アネックスお披露目会！

2015年10月3日に催された**『人力山荘アネックス竣工記念大宴会』**では、
30名ものご参加を得て、大盛会のうちに終了しました。
最後は大人数で盛大な「雑魚寝」。お披露目会はもちろん、
これまで助っ人として参加いただいた数多くのみなさま、お疲れさまでした！

ベリーダンスの
踊り手ラミーシャさんが
華麗な舞いを披露

完成した
「囲炉裏バー」で
記念写真

人力社 セルフビルドあるある？
3人がやらかした大失敗！

基礎工事が杜撰すぎ！ 2《メートル》で6《センチ》の誤差が出た（中山）

中山「これには、さすがに大工さんの顔も引きつってたね」
和田「水糸張って、目測で測って、『よし、ここだ！』とか。超適当（笑）」
阪口「アレでも家が建ったというのが、人力山荘の七不思議ですよ」

洗面台が でかすぎて入らなかった（和田）

和田「ヤフオクで安く仕入れた洗面台が大きすぎて設置できないことが判明して、阪口にタダであげました（泣）」
中山「ネットで買うときは、特に寸法に要注意ですな」
阪口「ただし、得する人もいます（笑）」

雨の日に ドアが開かなくなる（阪口）

阪口「自分で作った玄関ドアなんだけどね。無垢材で頑張ったんだが、梅雨時になると膨張してドアの閉まりが異常に悪くなる」
中山「アネックスのドアもそうなんだよ（泣）」
和田「玄関ドアって、すごい高いよね。20万円くらい平気でする」
阪口「職人さんの作ったものが高価なのは、それなりの理由があるんですね。とほほ」

参考図書

●**阪口のオススメ**

「フラット35対応 木造住宅工事仕様書 平成28年度版」
独立行政法人 住宅金融支援機構　井上書院　1650円

阪口「木造住宅の施工マニュアルです。セルフビルダーの必読書!」

●**中山のオススメ**

「100万円の家づくり 自分でつくる木の棲み家 」
小笠原昌憲著　自然食通信社　2160円

中山「4畳半程度の小屋を建てるのに十分な知識が得られます!」

●**和田のオススメ**

「自分でわが家を作る本。」氏家誠悟著　山と溪谷社　1836円

和田「セルフビルド本で重版を重ねるロングセラーです」

●**参考HP**

ホームメイキング　http://www.homemaking.jp/

家作りの主な工法

●**在来工法**

「木造軸組工法」ともいわれる。土台・柱・梁・桁などの構造材を組みあわせて建築する、日本の伝統的な木造建築工法。筋交い、火打ちを入れると耐震強度も高い。ホゾや継ぎ手などの細工が面倒くさい。

●**2×4工法**

「木造枠組壁工法」の一種。構造用合板とツーバイ材で作ったパネルを組み合わせた耐力壁で建物を構成する工法。北米で主流な工法で、簡便で安上がり、かつ耐震強度も高いとされる。

●**ログハウス工法**

「丸太組工法」ともいわれる。丸太や角材を横に積み上げて壁を構成する工法。湿度調整に優れ、断熱性も高いとされるが、「セトリング」などのメンテナンスが必要。正倉院の「校倉造り」も丸太組工法だ。

人力山荘アネックス、結局いくらかかったのか!?

中山「さて、今回の建築費ですが、母屋の再リフォームも含めての総額は147万3370円となりました」
水野「エクステリアその他で10万2580円、母屋の再リフォームで54万20円なので、アネックスだけだと、83万770円ですね（工具消耗品等を含めず）」
水野「目標の50万円は大幅に超過しちゃったけどね」
阪口「しかも人件費を無視した金額だし」
中山「プロに頼めば200万円以上かかるそうだからね。おかげさまでずいぶん安く上がりました。おっほっほ！」
阪口・水野「なんか、むかつく……」
水野「ともあれ、これで一応、大団円ということなんだけど、今の感想はいかがですか？」
中山「前作と比べて確実にスキルアップしたね。精度が高くなったので、そのぶん施工が楽になった気がします」
阪口「相変わらずの中山の準備不足に苦労させられたよ」
中山「あと、今回はいろんな人に助っ人に来てもらって、DIYの楽しさを知ってもらえたのがよかったですね」

阪口「インパクトドライバうまくなったよね、水野さん」
水野「おっほっほ!!」
中山・阪口「そこまで褒めてないから！」
阪口「次の計画は、なんかあるの？」
中山「実はですね、数年前に母親が、北海道から千葉県の大多喜町に移住しましてね。そこの土地が、なんと2000坪もあるんですよ」
水野「……ゼロひとつ間違ってない？」
阪口「2000坪ってアンタ。サッカーのピッチくらいあるでしょ？」
中山「もうね、とても管理できないくらい広いんだよね。あんまり広いから、いずれキャンプ場にでもしようかなと思ってるんだけどさ」
阪口・水野「……キャンプ場!?」
中山「今後もみなさんには、土木工事等の重労働で、存分に働いてもらいますんで、よろしくね♡」
助っ人一同「ふ・ざ・け・ん・な！」

《経費総計》

基礎工事

波板トタン×6	4550円
単管パイプ、クランプなど	1万8800円
セメント7袋、砂14袋、砂利36袋	1万4420円
型枠用構造用合板×3	3000円
水平出し用スギ　105　3メートル	1680円
小計	4万2450円

材木

土台	
ヒノキ　105　4メートル×2	8800円
ヒノキ　105　3メートル×6	1万7700円
大引	
ヒノキ　90　3メートル×2	3300円
根太	
ヒノキ　45×105　2メートル×10	6500円
ヒノキ　45×40　4メートル×18	1万3680円
柱・桁・梁	
スギ　105　4メートル×10	2万9200円
スギ　105　3メートル×14	3万2200円
梁	
ベイマツ　120×240×1	6700円
ベイマツ　120×270×1	7540円
垂木	
スギ　60×45　4メートル×16	1万3440円
間柱	
27×105　3メートル×20	1万1600円
27×105　4メートル×12	1万0320円
小計	16万0980円

屋根

化粧垂木	
スギ　60×45　4メートル×16	1万3440円
追加の垂木	
45×45　4メートル×16	1万0720円
アスファルトルーフィング×2	6560円
構造用合板ビス×3	2340円
化粧構造用合板　4ミリ×20	2万7000円
野地構造用合板　12ミリ×53	5万1940円
グラスウール×2	1万1960円
アスファルトシングル×14	5万1800円
シングルセメント×2	2000円
シングル釘	1980円
鼻隠し　1×6×3640　6本	5850円
軒下用防水化粧合板　3ミリ×8	4400円
唐草水切り×13	5170円
小計	19万5160円

外壁

間柱・筋交い	
27×105　3メートル×20	1万1600円
27×105　4メートル×12	1万0320円
コーキング剤・発泡ウレタン	3250円
アスファルトフエルト×2	7000円
ラス網×31枚	4200円
ガルバリウム波板　9尺×10	1万2800円
ガルバ用傘釘	1280円
下地用モルタル×7袋	6350円
下地用シーラー25キロ	6150円
漆喰×3袋	7470円
着色剤その他	1700円
ダイヤモンドカッター	8000円

本棚・収納棚・階段

破風材	3万5500円
扉、棚板用構造用合板など	1万0180円
スライド蝶番、キャッチ	7000円
ネームプレート取っ手	5700円
階段用ツーバイ材	2800円
壁掛け用ウリン材	1620円
壁掛け金物、フック、棚受けなど	3600円
手すり用タモ材、金物など	6200円
ニス	1200円
小計	7万3800円

エクステリア・東屋

セメント×18袋	6300円
砂×66袋	1万1700円
砂利×105袋	1万8470円
鉄筋メッシュ×5	2000円
コンクリ攪拌用樽	2780円
コンクリミキサー	980円
鉄筋メッシュ×4、鉄筋	2000円
鉄筋ベンダー	2000円
間柱　3メートル×5	3000円
梁用ツーバイ材×2	2500円
野地板×2坪	4320円
水切り金物×4	1200円
野地板×2坪	4320円
唐草×6	1800円
金物など	1000円
雨どい、受け金具	4470円
スポットライト	6560円
ヒノキツーバイ材　2メートル×5本	2000円
セメント11袋、砂28袋、砂利15袋	1万1700円
石材エース×4	3200円
小計	8万3320円

内装施工

根太（1階床）	1万3680円
根太（ロフト床）	6500円
構造用合板×14	1万5000円
防水合板×9	6300円
フローリング材7坪	2万6460円
フロア釘・ネダボンド×5	3500円
断熱材	5800円
グラスウール×2束	1万1500円
石膏ボード×68	2万2440円
ペアガラスサッシ窓×2	5万3600円
窓枠用パイン集成材18ミリ	6280円
換気扇	5000円
壁紙43メートル	2万5500円
壁紙用具	850円
巾木用野縁材	980円
落下防止柵用ヒノキ×2	760円
手すり、タモ材、受け金物など	6200円
屋内用木部ステイン×2	6560円
小計	21万6910円

玄関ドア

ドア本体	2万8350円
ステンドグラス	1万3000円
ドアハンドル	1万1550円
シリンダー錠	5250円
小計	5万8150円

クリップライト	1800円
ガラスランプシェード＋部品×2	3260円
小計	5万0100円

母屋キッチン

キッチンタイル20	1万2000円
タイル接着剤	1200円
キッチン上部壁用ガラリ内＋外	930円
キッチン用スポットライトなど	4280円
腰板用塗料	1880円
スクレーパー	880円
小計	2万1170円

母屋風呂

給湯器	2万5980円
サッシ×2	3万0000円
シャワー付混合栓	1万3600円
フレキ管、耐熱塩ビ管、バルブソケットなど	9700円
下地コンクリ	5300円
タイル、排水口皿アミ、石材用接着剤など	1万9000円
草焼きバーナー	5000円
焼き杉用野地板、風呂フタ用など材木	9040円
スタイロホームなど	4260円
ドア	1万4900円
蝶番、ドアハンドル	9800円
ガスホースニップル	1090円
ドアハンドル（未使用）	3000円
コンクリドリル	2500円
防水石膏ボード×4	3500円
小計	8万9100円

ガーデンチェア・テーブルセット

ガーデンチェア&テーブルセット	4000円
補修費用	7280円
作り付けテーブル用ヒノキ材	2200円
小計	1万3480円

母屋土間

根太用野縁材　30×40　3メートル2束	7940円
メッシュ×15	5670円
床材　3980円×6坪	2万3880円
ネダボンド	500円
釘締め	600円
沓石用コンクリート、平板×8	2300円
モルタル、セメント、砂	1760円
小計	4万2650円

母屋内壁

胴縁材、野縁材など	1万1920円
石膏ボードビス	1050円
その他ビス	1800円
ファイバーテープ	600円
石膏パテ10キロ	1650円
相じゃくり野地板1坪	4000円
仕上げ手ノコ	1420円
その他釘	2200円
電設部品（コンセント、スイッチ、コネクタ等）	4300円
VFケーブル20メートル	2500円
イケア　ウォールランプ×3	9000円
LEDライトなど	4600円

生ビールガスボンベ、ガスホース、樽取り付け金具	5400円
扉用合板	2500円
扉装飾用回り縁×2	1750円
有孔ボード	1560円
引き出し用スライドレール×2	2000円
スライド蝶番×4	1430円
キャスター×4	2000円
ハンドル、ステンパイプ、ゲンコツ×2	2000円
転び止め一式	2000円
アンティーク木版×2	5500円
小計	4万7240円

合計	**147万3370円**

※上記以外にも、各種工具、木ネジ、ドライバービット等の消耗品を購入しています。

ロールスクリーン×2	3000円
小計	15万9670円

母屋ウッドデッキと掃き出し窓

ヒノキデッキ材 38×140×3000　25本	6万2000円
沓石	800円
ステンレスコーススレッド	4580円
金物など	4190円
雨どい、とい受け	3850円
3枚建てアルミサッシ	7万3650円
スポットライト、電球×2	7180円
小計	15万6250円

バーカウンター

バーカウンターダウンライト×3	5670円
スポットライトレール増設	3800円
LEDレフ球1280円×5	6400円
フリー円形穴開けドリルビット	3580円
洋風回り縁3メートル	2200円
酒棚用ステンパイプ、ゲンコツ、ステンビスなど	5550円
棚受け×6	3340円
オイルステイン塗料 レッドオーク×2	4000円
塗料剥離剤	1300円
ダボマーカー8ミリ、10ミリ	1100円
酒	2万6000円
小計	6万2940円

ビールサーバーワゴン

ドラフトタワー＋送料	2万1100円

あとがき

奥多摩に住み始めて今年で９年になります。今まで住宅の改修にかかった費用は、土地の購入代も含めて総額500万円。固定資産税は年間3700円。田舎はホントに安いです。毎月十数万円の家賃を払ったり、数千万円のマンションを買って一生ローンに追われたり……そのお金を別のことに使えるなら、どれだけ充実した人生を送れるだろうと考えてしまいます。もちろん仕事の関係で大都市に住まざるを得ない方もたくさんおられます。そういう方には早めに田舎にいらっしゃることを提案しています。なにしろ全国に空き家は820万戸もあるんですから。

本書を制作するにあたり、編集作業をご担当いただいた佐藤徹也氏には、前作『笑って！ 古民家再生』でも大変お世話になりました。心よりお礼申し上げます。また誰よりもお礼を申し上げなくてはならないのは、お手伝いに来てくださった多くのみなさまです。この場を借りて、改めて感謝申し上げます。

本書が、多くの方の人生を良い方向に変えるきっかけになれば、著者としてこの上ない幸せです。

2018年12月
著者を代表して　中山茂大

本書は、宝島社より刊行の月刊誌「田舎暮らしの本」2013年12月号～ 2016年1月号に連載された「帰ってきた人力山荘　こんどは50万円で立派な!?　小屋を建てる！」を抄出、再構成したものです。

スペシャルサンクス　水野昌美　和田義弥
写真協力　尾原深水　大館洋志

笑って！ 小屋作り
50万円でできる!?　セルフビルド顛末記

2019年２月１日　初版第１刷発行

著　　者　中山茂大（文）　阪口 克（写真）
発 行 人　川崎深雪
発 行 所　株式会社山と溪谷社
〒101-0051
東京都千代田区神田神保町１丁目105番地
http://www.yamakei.co.jp/
印刷・製本　株式会社 暁印刷

◎乱丁・落丁のお問合せ先
山と溪谷社自動応答サービス　TEL.03-6837-5018
受付時間／10:00～12:00、13:00～17:30（土日、祝日を除く）
◎内容に関するお問合せ先
山と溪谷社　TEL.03-6744-1900（代表）
◎書店・取次様からのお問合せ先
山と溪谷社受注センター　TEL.03-6744-1919　FAX.03-6744-1927

＊定価はカバーに表示してあります。
＊乱丁・落丁などの不良品は、送料当社負担でお取り換えいたします。

Printed in Japan
ISBN978-4-635-52105-5